"十三五"高职高专规划教材

黑龙江交通职业技术学院高水平院校建设系列教材

铁路货车概述

主　编　陈　舒　解　强
副主编　王亦迪

北京交通大学出版社

·北京·

内 容 简 介

《铁路货车概述》根据铁路运输发展和高职高专教育发展需要，结合培养技能应用型人才需求编写而成，共分为五个单元，内容包括：绪论、货车走行装置总体认识、车钩缓冲装置总体认识、货车车体形式总体认识和货车总体认识实训等内容，书的最后还附有一套测试题。教材理论紧密联系实际，层次结构鲜明，符合高职教育的课程标准要求。

《铁路货车概述》可作为高等职业学校铁道车辆及相关专业的教材，也可作为现场工作人员的参考用书。

图书在版编目（CIP）数据

铁路货车概述 / 陈舒，解强主编. —北京：北京交通大学出版社，2019.1
ISBN 978-7-5121-3839-1

Ⅰ. ① 铁…　Ⅱ. ① 陈…　② 解…　Ⅲ. ① 铁路车辆–货车–高等职业教育–教材　Ⅳ. ① U272

中国版本图书馆 CIP 数据核字（2019）第 035514 号

铁路货车概述
TIELU HUOCHE GAISHU

策划编辑：张　亮　责任编辑：刘　蕊	
出版发行：北京交通大学出版社　　电话：010-51686414　　http://www.bjtup.com.cn	
地　　址：北京市海淀区高梁桥斜街 44 号　邮编：100044	
印　刷　者：北京时代华都印刷有限公司	
经　　销：全国新华书店	
开　　本：185 mm×260 mm　　印张：5　　字数：109 千字	
版　　次：2019 年 1 月第 1 版　　2019 年 1 月第 1 次印刷	
书　　号：ISBN 978-7-5121-3839-1/U·345	
印　　数：1～2 000 册　　定价：25.00 元	

本书如有质量问题，请向北京交通大学出版社质监组反映。对您的意见和批评，我们表示欢迎和感谢。
投诉电话：010-51686043，51686008；传真：010-62225406；E-mail：press@bjtu.edu.cn。

前　言

2014 年 6 月，习近平同志在全国职业教育工作会议上就加快职业教育发展作出重要指示。他强调，职业教育是国民教育体系和人力资源开发的重要组成部分，是广大青年打开通往成功成才大门的重要途径，肩负着培养多样化人才、传承技术技能、促进就业创业的重要职责，必须高度重视、加快发展。

高等职业教育作为我国高等教育的重要组成部分，主要培养动手实践能力较强的高技能人才。本书根据中国铁路哈尔滨局集团有限公司专家来校对专业诊断后提出的宝贵意见进行编写，对应课程授课重点是货车各部分结构认知，为后续开展的货车总体认识实训、货车检修实训和货车快速修实训打下良好基础。

本书由陈舒、解强任主编，王亦迪任副主编。全书主要分工如下：解强负责编写第2 单元、第 3 单元，王亦迪负责编写第 4 单元、第 5 单元，陈舒负责编写第 1 单元并对全书进行统稿。

本书在编写过程中得到了黑龙江交通职业技术学院领导的大力支持，在此表示感谢，同时感谢中国铁路沈阳局集团有限公司锦州职工培训基地鲁雪梅老师对本书提出的建议。

由于编者水平有限，加之时间仓促，疏误之处在所难免，敬请同行及各界专业人士、读者批评指正。

编者

2018 年 9 月

目　录

第1单元

绪　论

单元目标

1. 掌握车辆组成、分类与标记等车辆有关的基本知识
2. 掌握车辆检修制度及其内容的相关知识
3. 掌握车辆检修限度及其内容的相关知识
4. 掌握铁道车辆检修工艺过程的有关知识

1.1　铁道车辆的定义、特点、分类及组成

1.1.1　铁道车辆的定义

广义上说，铁道车辆是指那种必须沿着专设轨道运行的车辆。

铁道车辆是没有动力传动装置，需要把许多车辆连挂在一起组成车列，由铁路机车（铁道车辆的动力源）进行牵引的铁路运输设备。

1.1.2　铁道车辆的特点

铁道车辆具有自导向性、低运行阻力、成列运行、严格的外形尺寸限制和轮轨关系等特点，其中轮轨关系是铁道车辆的最大特征。

1.1.3　铁道车辆的分类

铁道车辆按照用途可分为客车、货车和特种用途车。货车根据用途可分为以下两种。

（1）通用货车

通用货车有敞车（C）、平车（N）、棚车（P）。

（2）专用货车

专用货车有罐车（G）、保温车（B）、家畜车（J）、守车（S）等。

1.1.4 铁道车辆（货车）的组成

根据车辆运输的货物的不同，车体结构也会不同，但从总体来看，一般均由以下五大部分组成。

1. 走行装置

走行装置也可称为走行部、转向架、台车，它能够相对于车体产生回转，其功能主要是起走行作用，承受并传递自重与载重。目前，我国大多数铁路货车采用二轴转向架。图1-1为K2型转向架。

图1-1　K2型转向架

2. 车钩缓冲装置

车钩缓冲装置主要由车钩和缓冲器两大部分组成，其主要功能为将机车与车辆或车辆与车辆之间进行相互连接，传递和缓和列车运行过程中产生的纵向力。车钩缓冲装置安装在车体底架的牵引梁上。图1-2为铁路货车的车端连接装置。

3. 制动装置

目前，我国铁路货车制动装置以120型空气制动机为主，由空气制动部分、基础制动部分和人力制动部分三大部分组成，单侧闸瓦（机械摩擦）制动方式。制动装置最主要的功能是保证列车在运行途中能平稳减速、停车，从而保证行车安全。

4. 车体

货车车体是装载货物、材料和其他物品的部分，同时安装与连接其他4个组成部分，底架是车体的基础。车体和底架一起承受着作用于车辆上的各种载荷。

图 1-2 车端连接装置

5. 车内设施

车内设施是指能良好地为运输对象服务而设于车体内的一些固定附属装置。如 B_6 型加冰保温车是以天然冰或者人造冰加盐的混合物为冷媒,在车内安装一些制冷设施,冷却车内空气,达到冷藏货物的目的。家畜车、活鱼车、守车等车也具有相应功能的内部设施。图 1-3 为抚顺矿务局自备车守车。

图 1-3 抚顺矿务局自备车守车

1.2 铁道车辆的标记及主要技术参数

铁道车辆的主要标记有五类,即车型车号标记、产权制造标记、运用标记、检修标记和试验标记。

1.2.1 车型车号标记

车型车号标记简称车号标记。车号标记均由基本型号、辅助型号及车辆制造顺序号码三部分组成。三部分完整的车号是指某辆具体的车。货车应在车体两侧侧墙上或活动墙板上涂打大车号，在底架侧梁或侧墙下缘涂打小车号，如侧梁为鱼腹梁，仅在侧梁涂打大车号。

1. 基本型号

将车辆的车种称号简化，用一个或两个大写汉语拼音字母来表示，这些拼音字母称为车辆的基本型号。货车一般用一个字母表示，也有个别货车车种为便于区分而用两个字母表示。例如，C 表示敞车，P 表示棚车。各种车辆的基本型号见表 1-1。

2. 辅助型号

表示同一车种的客、货车的不同结构系列及内部有特殊设施或车体材质改变时，用一位或两位小阿拉伯数字及小号汉语拼音字母表示，附在基本型号的右下角。例如，C_{62A}、C_{62B}、P_{63} 等中的"62A""62B""63"均为辅助型号。具体含义为 C_{62B}：C（车种，敞车），62（载重），B（材质区别）。

3. 车辆制造顺序号码

表示按预先规定的规则而编排的某一车种的顺序号码。用以区分同一类型的不同车辆，用大阿拉伯数字表示，记在基本型号和辅助型号的右侧。货车号码编排表见表 1-2。

表 1-1　车辆基本型号表

客车			货车		
顺号	车种	代号	顺号	车种	代号
1	软座车	RZ	1	敞车	C
2	硬座车	YZ	2	棚车	P
3	软卧车	KW	3	平车	N
4	硬卧车	YW	4	罐车	G
5	行李车	XL	5	保温车	B
6	邮政车	UZ	6	集装箱车	X
7	警车	CA	7	矿石车	K
8	公务车	GW	8	长大货物车	D
9	卫生车	WS	9	毒品车	W
10	空调发电车	KD	10	家畜车	J
11	医疗车	YI	11	水泥车	U
12	试验车	SY	12	粮食车	L
13	简易座车	DP	13	特种车	T
14	维修车	EX	14	自翻车	KF
15	文教车	WJ	15	活鱼车	H
16	特种车	TZ	16	通风车	F
17	代用座车	ZP	17	守车	S
18	代用行李车	XP			

表1-2 货车号码编排表

顺号	车种	车号容量	车号范围	顺号	车种	车号容量	车号范围
1	棚车	500000	3000000~3499999	11	水泥车	20000	8040000~8059999
2	敞车	900000	4000000~4899999	12	粮食车	5000	8060000~8064999
3	平车	100000	5000000~5099999	13	特种车	10000	8065000~8074999
4	集装箱车	50000	5200000~5249999	14	守车	50000	9000000~9049999
5	矿石车	32000	5500000~5531999	15	海南车	100000	9100000~9199999
6	长大货车	100000	5600000~5699999	16	米轨车	50000	9200000~9249999
7	罐车	310000	6000000~6309999	17	寸轨车	50000	9250000~9299999
8	冷藏车	232000	7000000~7231999	18	自备车	999999	0000001~0999999
9	毒品车	10000	8000000~8009999		备用	2000000	1000000~2999999
10	家畜车	40000	8010000~8039999				

图1-4为客、货车车号标记示例。

对于 $C_{64T}4871235$，其中 C 表示基本型号（敞车）；64T 表示辅助型号（载重 64 t 装有提速转向架的货车）；4871235 表示货车车辆制造顺序号码。

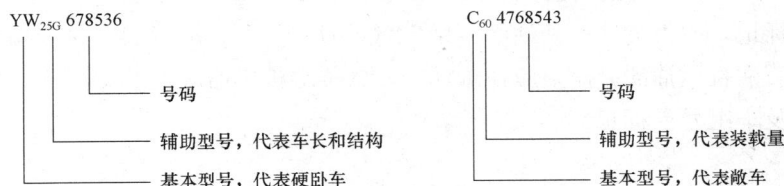

图1-4 客、货车车号标记示例

1.2.2 产权制造标记

1. 国徽标记

凡参加国际联运的客车，须在车体侧墙中部悬挂特制的国徽，表示中华人民共和国的车辆。

2. 路徽

凡产权归我国铁路总公司的车辆，均应在侧墙或端墙适当部位涂打路徽标记，我国的路徽为"⚙"，含有人民铁道之意，如图1-5所示。在货车侧梁的适当部位还应装有人民铁道路徽的产权牌（用金属制作的椭圆形的路徽标志牌）。其他国家或公司所属的铁道车辆也有各自的标志。参加国际联运的货车虽无国徽，一旦离开产权所有国，可凭路徽标志回送至产权国而不会混淆使用。

3. 制造标记

新造客车、货车应安装金属的制造厂铭牌，其内容包括制造厂名和制造年份，式样由制造单位确定。货车安装在侧梁（或中梁）的二位或三位，客车安装在车体的二位或三位脚蹬上。

此外，车辆的主要零部件，如车轮、车轴、转向架、车钩及制动分配阀等，在其上一般均有该零部件生产厂家的某种代号，锻件常打出数码代号，铸件常铸出铸造代号。这些标记基本无广告作用，仅在发生事故后可据此追查责任。

图 1−5　路徽

4. 配属标记

对于货车，凡有指定使用区间和要求回送或指定配属的专用货车，在车体两侧中部应涂打配属标记。如"某站—某站间专用""运用后返回某站""某单位专用车"等。凡配属各局的石油直达油罐列车，应在罐体一、二位端板中心加温套上檐涂打"罐车配属局、段简称及车组号"标记。

1.2.3　运用标记

1. 性能标记

货车的性能标记包括自重、载重、容积、换长、冰重（只用于冰冷藏车）、整备重（只用于机械冷藏车组的发电乘务车），涂打在车体两侧外墙板右上角，如图 1−6 所示。此外，还有构造速度和每延米轨道载重等性能标记。

（1）自重

空车时车辆自身具备的质量称为车辆自重，以 t 为计量单位，保留一位小数。

（2）载重

车辆标记中所注明的货物或旅客和行李包裹的质量（包括整备品重量和乘务人员的重量）称为车辆的载重，以 t 为计量单位，保留一位小数。

车辆的自重与载重的总和与轴数的比值称为轴重。

（3）容积

车辆内部可容纳货物的体积称为车辆的容积。以车体内部长、宽、高的乘积表示，以 m 为计量单位，保留一位小数。容积下面附括号，在括号内列出长、宽、高标记，以 m 为计量单位，保留一位小数。

（4）换长

车辆不受纵向外力影响时，该车两端车钩在闭锁位置时两钩舌内侧面之间的距离称为车辆的全长（车辆长度），以 m 为单位，保留一位小数。

车辆长度（m）除以标准长度（m）所得之值称为车辆的换长。它是车辆长度换算标记，保留一位小数，尾数四舍五入。换长也可以称为计算长度，说明该车折合成 11 m 长的车辆（以新中国成立初期 30 t 棚车平均长度为计算标准）时，相当于多少倍，以便在运营中计算列车总长度。

图 1-6 铁路货车性能标记

（5）构造速度

指设计时，允许其正常运行的最高速度，现一般用"最高运行速度"代替。

（6）每延米轨道载重

车辆总重量与车辆长度的比值称为每延米轨道载重。

2. 特殊标记

1）集中载重标记

标明货车中部一定尺寸范围内允许承受装载重量的标记。载重大于（或等于）60 t 的平车、长大货物车和需要标明集中载重的货车应按长大货物车、平车集中载重表在车底架侧梁中部涂打"集中载重"标记。

2）货车结构特点标记

⚠: 具有车窗和车顶烟囱的棚车及 P_{64}、P_{65} 型系列棚车，须涂打该标记。

⚠: 凡有拦马杆座的棚车，必须涂打该标记。

⚠: 货车活动墙板及其他活动部分翻下超过车辆限界者，必须关闭完好后才准运行，应在每扇门内侧及侧梁中部涂打该标记。

⚠: 可以装运坦克及特殊货物的车辆应涂打该标记。

⚠: 禁止通过机械化驼峰的车辆应涂打"禁止上驼峰"标记。

ⓂⒸ：符合参加国际联运技术条件的货车应涂打联运标记。

卷：凡装有牵引钩的货车，必须在一、四位牵引钩上方涂打该标记。

超：现车车体局部超出车辆限界，须在其附近部位涂打该标记。

3）运用特殊标记

在部分车辆上还涂打有各种运用特殊标记，如毒品专用车标记，如图 1-7 所示。此外，还有罐车装载货物品名标记，"进气压力"标记，"危险"及色带标记，长大货物车涂打"限速"和"限制曲线半径"标记，在部分货车上涂打货车新产品试运期间试验标记，紧急制动阀手把旁安装"危险请勿动"铭牌，在客车上还装有各种不同的使用标记等。

图 1-7　毒品专用车标记

1.2.4　检修标记

车辆检修标记分为定期检修标记、摘车临修标记及车辆检修有关标记。

（1）定期检修标记

① 厂、段修标记（牢记厂、段修标记的含义）。

车辆的厂、段修标记如图 1-8 左侧所示。横线上部为段修标记，下部为厂修标记。右侧是本次检修的年、月和检修单位简称，左侧为下次检修年、月。货车的厂、段修标记涂打在车体两侧墙左下角。

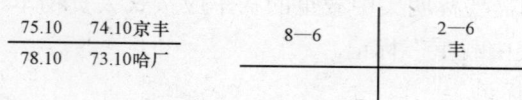

图 1-8　定期检修标记

② 货车辅修标记。

如图 1-8 右侧所示，涂打在厂、段修标记右侧或下方，"辅修"涂打在标记左侧。若现车结构妨碍列检检查上述标记时，改在附近车墙板下部涂打。右上格为本次检修日期和局段简称，左上格为下次检修日期。辅修标记空格用完后，做定检时应将原标记用油漆涂掉，再涂打新标记。

（2）摘车临修标记

货车因发生临时故障需要从列车中摘下送到站修所修理后，应在车辆端墙板上涂打摘车临修标记，表示摘车临修日期年、月、日和站修所的简称。

例如：空车摘车临修标记为"Z02.4.8 株"，重车摘车临修标记为"⊘02.5.12 株"。

（3）车辆检修有关标记

延：车辆允许延期检修标记，涂打在厂修标记的左侧。

车辆方位：分别表示车辆的第一位端和第二位端，用阿拉伯数字"1"和"2"表示。货车涂打在两侧梁右端下角；客车涂打在脚蹬的外侧面和车内两端墙上部。

车钩中心线：沿车钩钩舌外侧及钩头两侧，在钩身横截面高度 1/2 处用白色油漆涂打一宽度为 5 mm 的水平直线，即为车钩中心线，车钩高度为 880 mm，相邻两车车钩的高度差不得超过 75 mm。

钩型：在钩头侧面涂有车钩型号（阿拉伯数字）标记，以示识别。

1.2.5 试验标记

根据试验项目，临时涂打在车号标记的下面。车辆上一般涂打的标记应使用油漆涂打。除另有规定者外，根据涂打处所的颜色分别按表 1-3 选定标记颜色。

表 1-3 选定标记颜色表

涂打标记处色别	标记颜色
绿或蓝	淡黄
白、黄或银色	黑
黑	白

1.3 铁道车辆方位的确定及铁路限界

1. 车辆方位确定原则

车辆的方位一般以制动缸活塞杆推出的方向为第一位，相反的方向为第二位；对有多个制动缸的情况则以人力制动安装的位置为第一位，如按上述方法确定方位仍有困难则以出厂时涂打的标记为准。

2. 车辆零部件位置的命名原则

车辆零部件位置规则如下：当人面对车辆的一位端站立时，对排列在纵向对称轴上的构件可由一位端顺序向二位端编号。对分布在对称轴左右的构件，则左侧为奇数，右侧为偶数。车辆方位及车辆零部件位置如图 1-9 所示。

3. 列车中货车前后左右的命名原则

编挂列车中的车辆，其前后左右的确定方法是按列车运行方向来规定的，前进一端为前部，面向前部站立而定出左右。连挂的机车，机车后的第一辆车、第二辆车分别称为机后部 1 位车辆、2 位车辆。

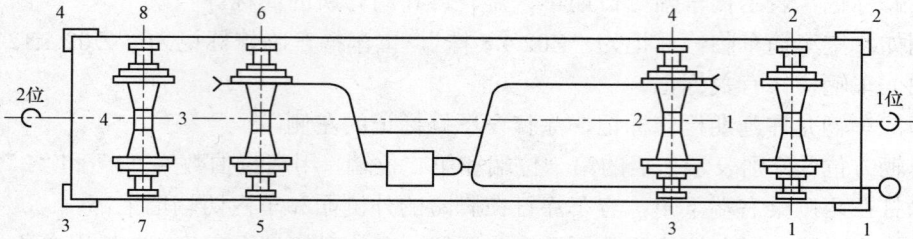

图 1-9　车辆方位及车辆零部件位置

4. 车辆的固定轴距、全轴距与定距

（1）车辆的固定轴距

同一转向架最前位和最后位车轴中心线间的水平距离叫作固定轴距。固定轴距过大则会导致车辆在曲线半径小的线路上运行时，外侧车轮轮缘压迫钢轨内侧面，加剧轮缘与钢轨间的磨耗，轮缘容易挤到轨面上，当轮缘有缺陷时，更容易造成脱轨事故。固定轴距过小则会增大车辆的振动，不方便确定中央悬挂装置位置。货车两轴转向架固定轴距为 1 650～1 800 mm，货车三轴转向架固定轴距为 2 400～2 700 mm。

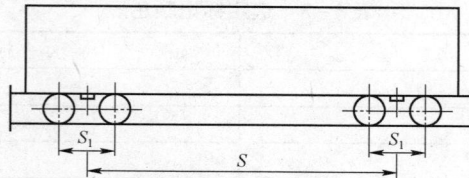

图 1-10　车辆固定轴距与车辆定距

S_1 为固定轴距　S 为车辆定距

（2）车辆全轴距

车辆上最前位和最后位的车轴中心线间的水平距离叫作全轴距。

（3）车辆定距

车辆底架两心盘中心销间的水平距离叫作车辆定距。一般车体长与定距之比为 1.4:1，此数称为车辆定距比。车辆固定轴距与车辆定距如图 1-10 所示。

5. 铁路限界

1）铁路限界的定义

机车车辆运行必须有一个安全的空间，因此，铁路对机车车辆和接近线路的建筑物、设备规定了不允许超越的轮廓尺寸，也就是限界。可以说，限界就是合理的空间。

2）铁路限界的作用

为了确保机车车辆在铁路线路上运行的安全，防止机车车辆撞击邻近线路的建筑物和设备，对机车车辆和接近线路的建筑物、设备规定了不允许超越的轮廓尺寸。铁路基本限界包括机车车辆限界和建筑接近限界。

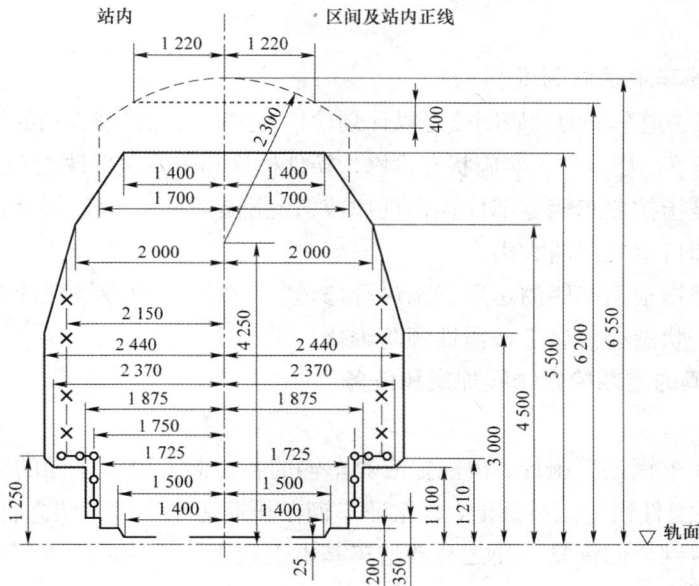

图 1-11 建筑接近限界图 单位：mm

（1）机车车辆限界

机车车辆限界是机车车辆横断面的最大极限。具体来说，就是当机车车辆停留在平直铁道上，车体的纵向中心线和线路的纵向中心线重合时，其任何部分不得超出规定的极限轮廓线。

（2）建筑接近限界

建筑接近限界是一个和线路中心线垂直的横断面，如图 1-11 所示，它规定了保证机车车辆安全通行所需要的横断面的最小尺寸。凡靠近铁路线路的建筑物及设备，其任何部分（和机车车辆有相互作用的除外）都不得侵入此限界之内。

6. 车辆在曲线上发生的偏倚现象

（1）定义及其影响因素

车辆通过曲线时，车体的中心线与线路的中心线不能重合而发生的偏离现象叫作车辆偏倚。其影响因素主要有两大方面——车辆长度和曲线半径的大小，车辆长度越大或曲线半径越小，车辆偏倚量就越大。

（2）车辆偏倚现象的危害

车辆的偏倚量过大则会导致车体侵入建筑接近限界，碰撞沿途的建筑物，还会使车钩之间产生摩擦引起车钩自动脱钩或不能解钩的现象。

1.4　铁道车辆的检修制度及限度

1. 我国铁道车辆检修制度

目前，我国铁道车辆的检修制度是以计划检修为主、状态检修为辅的检修制度，即在计划检修的前提下，逐步扩大实施状态检修、换件检修和主要零部件的专业化集中检修。

计划检修是指按照车辆零部件损伤规律或情况确定零部件检修周期。计划检修制度分为定期检修和日常维修两大类。

状态检修是指根据车辆的运用状态进行修理，发现什么故障修理什么故障，随坏随修，不坏不修。状态检修属于按需性预防维修。

2. 货车车辆的定期检修修程规定和任务

（1）厂修

厂修一般在车辆工厂施行。按规定应对车辆的各部装置进行全面的分解检查、彻底修理，将各主要配件恢复原有性能，以保证车辆在长期运用中技术状态良好。经过厂修，车辆各部装置得到全面恢复，使之与新造车基本上接近。修竣后涂打厂修标记。

（2）段修

段修在车辆段施行。段修的主要任务是分解检查车辆的转向架、车钩缓冲装置及制动装置等部件，检查并修理车辆（包括车体及其附属装置）的故障，保证各装置作用良好，防止行车事故发生，以提高车辆的使用效率。修竣后涂打段修标记。

（3）辅修

辅修主要是对制动装置和轴箱油润部分施行检修，并对其他部分做辅助性修理。做到螺栓紧固、配件齐全、作用良好。货车辅修是在修车库或专用修车线（站修线）施行，修竣后涂打辅修标记。

货车定期检修周期表见表1-4。

3. 货车车辆日常维修

货车的日常维修在铁路沿线的列车检修所（简称列检所）进行，列检所一般设在货车编组站、区段站、尽头站、国境站和厂矿交接站等处。对到达、始发和中转的货物列车进行技术检查，发现故障时能在列车队中修复的，及时修复。

摘车修：把有故障的车辆从列车中摘下，送到专用线或者站修作业场内施修的称为摘车修，修竣后应按规定涂打摘车修标记。

不摘车修：在列车到达后、始发前进行技术状态检查，对发现的车辆故障，能在停车线上利用站停时间修复的，称为不摘车修。

4. 车辆检修限度

（1）最大限度

最大限度一般指运用限度，又称列检限度。最大限度是允许车辆零部件存在的损伤的极限程度，是零部件能否继续运用的依据。

（2）中间限度

中间限度是指各种定期检修时容许存在的零件损伤程度。可分为厂修限度、段修限度和辅修限度三种。

表 1-4 货车定期检修周期表

车种、车型		厂修	段修	辅修
棚车	P_{60}、P_{13}、P_{61} 等型普碳钢车	5 年	1 年	
	P_{65}、P_{65S} 型行包快运车	6 年	1 年	
	P_{62}	6 年	1.5 年	
	其他型耐候钢棚车	9 年	1.5 年	
敞车	C_{16}、C_{16A}、C_{62A}（车号为 44 字头开始）	5 年	1 年	
	C_{61Y}、C_{63}、C_{63A}、CF、C_{50}	6 年	1 年	
	C_{62A}（车号为 45 字头开始）	6 年	1.5 年	
	C_{61}、C_{76A}、C_{76B}、C_{76C}	8 年	1 年	
	其他型耐候钢敞车	9 年	1.5 年	
罐车	酸碱类罐车、液化石油气罐车、液氯罐车等	4 年	1 年	
	其他型罐车	5 年	1 年	
矿石车	K_{13}、K_{18}、K_{18F}、KF_{60} 等型普碳钢车	5 年	1 年	6 个月
	其他型耐候钢车	8 年	1 年	
水泥车	U_{15}、U_{60}、U_{60w}	5 年	1 年	
	U_{61w}、U_{61wz}	5 年	1.5 年	
冰冷车	普碳钢车	4 年	1 年	
	耐候钢车	6 年	1 年	
	集装箱平车	6 年	1.5 年	
	平车（含 NX 系列）、家畜车、粮食车、守车、长钢轨车、60 t 的凹型车	5 年	1 年	
	毒品车	10 年	1 年	
	1996 年以后生产的 D_{22c}、D_{12}、D_{70}、D_{10}（经轴承密封改造）	9 年	3 年	
	厂修、段修周期原分别为 9 年、1.5 年的不常用专用车	10 年	2 年	
	其他型不常用专用车、载重 90 t 以上的车辆	8 年	2 年	

注：1. 专用车指救援车、机械车、线桥工程车、宿营车、发电车、检衡车、磅秤修理车、生活供应车、战备车等。

2. 滑动轴承车辆轴检周期为 3 个月。毒品车厂修为多大段修。

3. 因装用转向架型式的变化而引起的车型变化（在车型编码尾部加注 K、T、H 的车辆），原检修周期不变。

1.5 铁道车辆的检修工艺

车辆按规定的检修期限进行的厂修与段修，分别在车辆工厂与车辆段内进行。待修车辆送至厂、段，直至修竣后的全部过程，称为车辆厂修或段修的生产过程。不论厂修或段修，检修车辆的全部生产过程，通常包括下列几个部分：

（1）送修和接修定期检修的待修车；

（2）开工前的准备工作，包括清扫、外观检查和制订检修作业计划；

（3）车辆分解，即根据作业计划将车辆分解为零件或部件；

（4）零部件清洗、检查，并确定其修理范围；

（5）修理零件和部件；

（6）车辆组装及涂油漆；

（7）修竣车的技术鉴定与交接。

在车辆的检修过程中，从待修车的分解，经过一系列的修理工作，直至组装、涂油漆后成为修竣车辆。其中按规定的次序，依次完成的各种作业过程的总和，称为车辆检修的工艺过程。上述生产过程中的（3）～（6）项，即构成了车辆检修的全部工艺过程。

根据车辆零部件修理作业方式的不同，车辆检修工艺过程又分为现车修理（即不换件修理）与互换制修理两种类型。

1. 现车修理

现车修理是指待修车上的零部件，经过修理消除其缺陷后，仍装在原车上而不进行零部件互换的修理方式。

修理前的第一道工序是车辆分解。车辆分解的范围，应根据车辆的结构特点与修程及其技术状态来决定。例如，车辆厂修时，一切木制件和以螺栓连接的零件，均应进行分解，而车体钢结构则以其破损程度及检修范围，确定其分解工作量。至于车辆走行部及车钩缓冲装置等重要零部件，不论厂修或段修，均须分解检查并消除其不良状态。

车辆经过分解、清洗与细密检查后，车体钢结构直接送至车体修理车间进行修理，其他各种零件或部件，则按状态分为良好、待修及报废三大类，分别送至各修理车间（或分间），进行修理与部件组装，最后将良好及修竣的零部件组装在原车上。现车修理的工艺过程如图1-12所示。

在现车修理作业方式中，除报废零件从备品库领取新品外，其他零部件均待修竣后装回原车。因此，常因等待零部件的修理而延长车辆停修的时间，并导致零部件的修理质量得不到可靠的保证，其唯一的优点是不需要储备过多的备用零件，这种方法主要用于修理杂型货车或修理工作量不大的车辆。

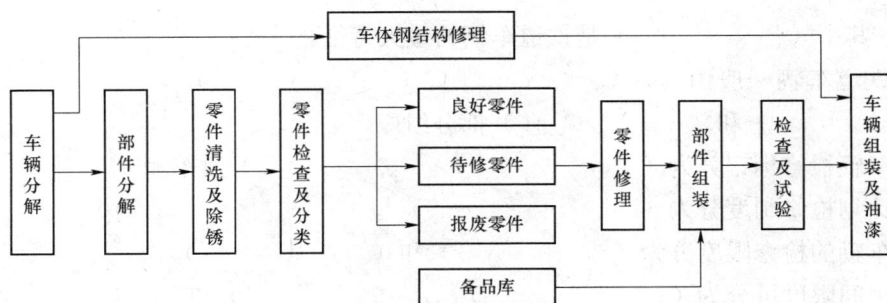

图 1-12 现车修理的工艺过程

2. 互换制修理

车辆定期检修中普遍施行的互换制修理，是指从待修车上分解下来的零部件，修理后可组装于同车型的任何检修车上，而并非一定装于原车，这种修理方式即为互换制修理。

车辆除了车体钢结构作为基本部件外，其他零部件绝大部分均可采用互换制修理，即按技术条件分别进行修理，与该零部件原属于哪辆车无关。

车辆组装时，修竣后的零部件或新换零部件，分别取自车间组合库及备品库。这样，车辆修理过程事实上变为：车辆分解——车体钢结构修理——车辆组装及油漆。

实行互换制修理的工艺过程，由于零部件均有一定的储备周转量，车辆在修的生产周期，决定于车辆分解、车体钢结构修理及车辆组装与油漆作业的延续时间，而不受其他零部件修理时间的影响。因此，互换制修理的最大优点，是能最大限度地缩短车辆停修的时间，并为采用流水作业式生产组织创造了有利条件，从而能有效地提高劳动生产率和车辆的利用率。

但是，全面采用互换制修理，则要求有大量的备用零件和一定数量的互换部件，这在目前车型较杂、车种较多的情况下，全面采用互换制仍有一定的困难，然而某些部件采用互换制修理则有条件实行。例如转向架、轮对、轴承、制动装置、车钩缓冲装置及部分车体配件与车内设备等，都可以实行互换制修理。

生产实践已证明，实行互换制修理的零部件数越多，越能提高生产效率。因此，实现车辆零部件的标准化，不断扩大车辆修理中互换零部件的范围，是实现车辆修理现代化的主要途径之一。

单元综合检测

一、填空题

1. 铁道车辆具有（ 　　　　）、（ 　　　　）、（ 　　　　）和（ 　　　　）

等特点，其中（　　　　　　　　）是铁道车辆的最大特征。

2. 铁道车辆一般由（　　　　　　　　）、（　　　　　　　　）、（　　　　　　　　）、（　　　　　　　　）和（　　　　　　　　）部分组成。

3. 车辆检修标记分为（　　　　　　　　）、（　　　　　　　　）及车辆（　　　　　　　　）。

4. 计划检修制度分为（　　　　　　　　）与（　　　　　　　　）两大类。

5. 车辆的检修限度分为（　　　　　　　　）和（　　　　　　　　）。

6. 中间限度可分为（　　　　　　　　）、（　　　　　　　　）和（　　　　　　　　）三种。

7. 车号标记由（　　　　　　　　）、（　　　　　　　　）和（　　　　　　　　）三部分组成。

8. 车辆的轴距有（　　　　　　　　）、（　　　　　　　　）和（　　　　　　　　）三种。

9. 根据车辆零部件修理作业方式的不同，车辆检修工艺过程又分（　　　　　　　　）与（　　　　　　　　）两种类型。

10. 互换制修理的最大优点，是能最大限度地缩短（　　　　　　　　）的时间，并为采用（　　　　　　　　）生产组织创造了有利条件。

11. 待修车辆送至厂、段，直至修竣后的全部过程，称为车辆厂修或段修的（　　　）过程。

12. 按规定的次序，依次完成的各种作业过程的总和，称为车辆检修的（　　　）过程。

二、简答题

1. 铁道车辆由哪几部分组成？如何分类的？

2. 什么是段修？什么是厂修？

3. 我国现行的铁道车辆的检修制度是什么？

4. 什么是中间限度？什么是最大限度？

5. 车辆方位是如何确定的？

6. 什么是机车车辆限界？

7. 简述货车定期检修标记的意义。

错题统计	原因　　　题号	知识不牢	审题不清	方法不当	综合应用欠缺

总结反思	我的收获和不足：

第2单元

货车走行装置总体认识

单元目标

1. 掌握货车车辆轮对的组成及作用
2. 掌握货车车辆轴箱知识并熟记货车双列圆锥滚子轴承的组成
3. 掌握转向架弹簧、减振等装置的组成、结构及作用等知识
4. 掌握各种主型货车转向架的组成、结构及特点,并具有认识、识别转向架的能力

2.1 识读货车轮对

2.1.1 货车车轮

1. 货车车轮各部分名称及作用

(1)踏面

车轮同钢轨的接触面称为踏面。

(2)轮缘

车轮内侧沿整个圆周凸起部分称为轮缘(导向、防脱轨的作用)。

(3)轮辋

踏面沿径向的厚度部分称为轮辋。

(4)轮毂

保证车轮和车轴相互结合且保证有足够压装力的部分称为轮毂。

(5)轮毂孔

轮毂孔是安装车轴的地方,它与车轴上的轮座部分相配合(车轴与车轮采用过盈配合的方式)。

（6）辐板

连接轮辋和轮毂的地方，称为辐板。

（7）辐板孔

辐板上的两个孔称为辐板孔，为车轮吊运而设（后取消）。车轮各部分名称如图 2—1 所示。

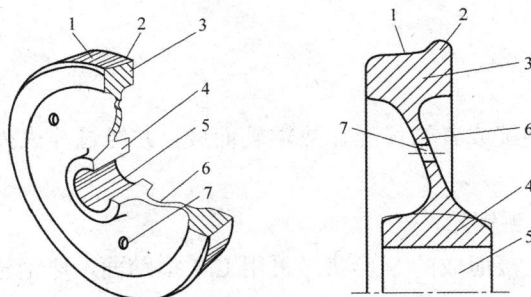

图 2—1　车轮各部分名称

1—踏面；2—轮缘；3—轮辋；4—轮毂；5—轮毂孔；6—辐板；7—辐板孔

2. 基点和滚动圆

（1）基点

由车轮内侧面向外 70 mm 处踏面上一点称为基点。

（2）滚动圆

基点沿车轮一周组成的圆称为滚动圆。

滚动圆的作用有三个方面：测量轮径；测量轮辋厚度；测量踏面圆周磨耗深度。

3. 车轮踏面设置的原因

我国铁路车辆所使用的车轮轮缘和踏面有锥型（TB 型）、磨耗型（LM 型）和高速磨耗型（HLM 型）三种。

图 2—2 为 LM 型踏面外形。

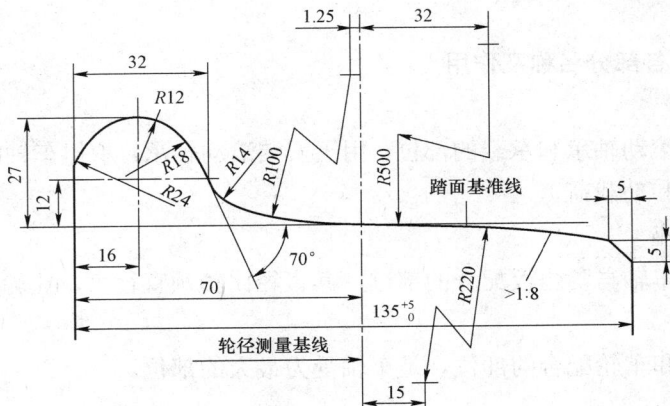

图 2—2　LM 型踏面外形

19

车轮轮缘踏面采取这种轮廓的理由有：

（1）便于通过曲线；

（2）可自动调中；

（3）能顺利通过道岔；

（4）使踏面磨耗比较均匀；

（5）防止车轮脱轨。

4. 车轮的类型

（1）辗钢整体轮

辗钢整体轮是由钢锭或者轮坯经加热辗轧而成，并经过淬火处理，是我国铁路车辆采用的主型轮对。

（2）S形辐板整体辗钢轮

辐板为不同圆弧连接而成的S形状，采用LM型踏面，取消辐板孔，采用CL60车轮钢，适应高速、重载运输发展要求。

（3）新型铸钢轮

铸钢车轮是由钢水在生产线上采用石墨型浇铸工艺直接铸造成型，具有生产工序比较少、劳动消耗少、生产能耗低等优点，其性能优于辗钢车轮。

（4）高速轻型车轮

车轮的质量大约占轮对质量的 1/3，为了使车轮轻量化，一般选择维持轮径不变，通过其他方式减小车轮的质量，从而制成高速轻型车轮。

（5）弹性车轮

在轮毂与轮箍之间添加了弹性元件（弹性橡胶垫），使车轮在三维空间方向上弹性相比整体轮较柔软，这样的车轮称为弹性车轮，其结构复杂，制造工艺复杂，检修也相对困难。

2.1.2　货车车轴

1. 货车车轴各部分名称及作用

（1）轴颈

轴颈是安装滚动轴承和承载的部位，用于安装滚动轴承，承担车轴的重量，传递各个方向的静载荷和动载荷。

（2）防尘板座

防尘板座为车轴与防尘板配合的部位，其直径比轴颈直径大，比轮座直径小。

（3）轮座

轮座是车轴和车轮配合的部位，是车轴受力最大的部位。

（4）轴身

轴身是两轮座的连接部分，为增加其强度和减少应力集中，车轴轴身呈圆柱形。

（5）轴端螺栓孔

轴端螺栓孔是滚动轴承车轴安装轴端压板的地方。轴端压板的作用为防止滚动轴承内圈从轴颈上窜出。

（6）两点画线部分

两点画线部分为发电机传动车轴加长部分。

（7）制动盘安装座

制动盘安装座供压装制动盘用。车轴各部分名称如图 2-3 所示。

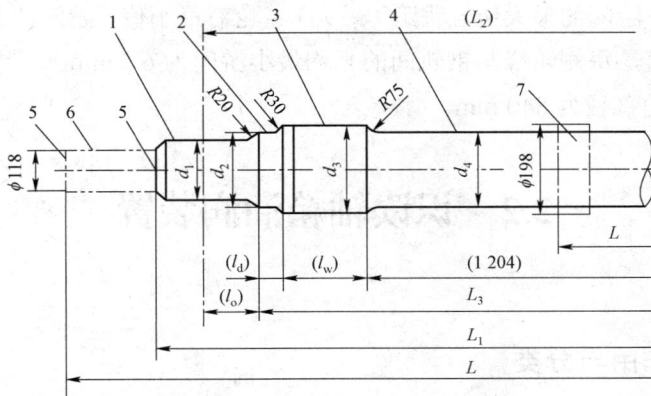

图 2-3 车轴各部分名称

1—轴颈；2—防尘板座；3—轮座；4—轴身；5—轴端螺栓孔；
6—两点画线部分；7—制动盘安装座

2. 空心车轴的优点

空心车轴具有以下优点：

（1）与实心车轴相比，可降低 20%～40% 的质量；

（2）减低质量，从而减少轮轨动力作用；

（3）适用于高速重载列车；

（4）便于检修与探伤。

3. 货车车轴的类型

根据原铁道部标准，货车用标准滑动轴承车轴有 B、D、E 三种型号，其轴负荷分别为 12 t、21 t、25 t。

标准滚动轴承车轴有 RB_2、RD_2、RE_2、RC_3、RC_4、RD_3、RD_4、RD_{3P} 等型号。其中 RB_2、RD_2、RE_2 用于货车转向架。

2.1.3 货车轮对

轮对由一根车轴和两个车轮组成。组装时采用过盈配合，在车轴压装机（油压机或水压机）上将车轮装于车轴两端。基本尺寸相同相互结合的孔与轴的公差带之间的关系决定了结合的松紧程度,孔的尺寸减去相配合轴的尺寸所得的代数差为正,称间隙配合,代数差为负,称过盈配合。

新造或厂、段修后的轮对,应有一定的技术要求,对用于标准轨距的轮对两轮缘内侧面距离为(1 353±2)mm,货车厂、段修后为(1 353±3)mm,并在同一轮对的三等分点上所测得的内侧面距离,最大差值不应超过 1 mm,厂、段修不应超过 3 mm。这样设置的理由:减少轮缘与钢轨的磨耗;安全通过曲线;安全通过道岔。

当轮对的一个车轮轮缘紧贴钢轨的作用边时,另一个车轮的轮缘与另一钢轨的作用边就会形成间隙,游间的最大值=轨距(最大)-轮对最小值,游间的最小值=轨距(最小)-轮对最大值,每侧轮缘与钢轨间的平均最小游间为 6.5 mm。

标准货车车轮直径为 840 mm。

2.2　识读轴箱油润装置

2.2.1　轴箱的作用与分类

1. 轴箱的定义

在铁路机车或铁道车辆上,套在轴颈上连接轮对和转向架构架或二轴车车体的部件称为轴箱。

2. 轴箱的作用

(1)活动关节

轴箱是连接轮对和构架的活动关节。

(2)传力

轴箱能够传递牵引力、横向力和垂向力。

(3)运动

实现轮对与构架间的垂直运动与横向运动。

3. 轴箱的分类

(1)按轴承类型分

按轴承类型不同,可分为滑动轴承轴箱和滚动轴承轴箱。

(2)按定位方式分

轴箱定位方式有导框式定位和无导框式定位,其中无导框式定位还可以分为拉板式定位、拉杆式定位、转臂式定位、人字形橡胶堆定位、层叠圆锥橡胶定位和导柱式定位等定位方式。

2.2.2　滚动轴承的组成及工作原理

滚动轴承一般由外圈、内圈、滚动体（滚子）、保持架组成。

滚动轴承是借助于在内、外圈之间的滚动体滚动实现传力和滚动的。内圈紧配合于轴颈上，外圈与轴箱之间允许有少许的转动，当车轮转动时内圈随轴颈转动，同时带动保持架与滚动体转动，滚动体一方面沿内、外圈滚道作公转，另一方面绕自身轴心作自转，它们之间的接触点是在不断变化的，零件之间没有滑动摩擦，因此其摩擦阻力小，这也是滚动摩擦的主要特点。

2.2.3　货车车辆采用滚动轴承的优点

货车车辆采用滚动轴承，其优点主要有以下几个方面：

（1）减小列车启动与运动的阻力，增大列车牵引质量；

（2）延长检修周期，减少材料的消耗；

（3）滚动轴承承载均匀，燃轴事故少，安全可靠；

（4）提高运行速度，适应现代化运输。

2.2.4　滚动轴承的游隙

滚子的自由转动由轴承的径向游隙和轴向游隙来保证。

1. 径向游隙

径向游隙是指内、外圈滚道与滚子之间的内部间隙。圆柱轴承的径向游隙为 $0.12 \sim 0.17$ mm。轴承径向游隙过大时，将使绝大部分负荷加在位于负荷作用线上的滚子上，而旁边几个滚子受力很小甚至不受力，这样会缩短轴承的寿命。

2. 轴向游隙

轴向游隙是指轴承内、外圈沿其轴线的相互位移量。它的作用是避免滚子端部与内、外圈挡边的经常摩擦，保证轴承在转向架倾斜或轮对蛇行运转时正常地工作，并防止车辆通过弯道时滚子被卡住。单个圆柱轴承的轴向游隙定为 $0.4 \sim 0.7$ mm，成对圆柱轴承的轴向游隙定为 $0.8 \sim 0.14$ mm。

2.2.5　滚动轴承代号及轴承精度等级

1. 滚动轴承代号

滚动轴承代号是用字母加数字来表示滚动轴承的结构、尺寸、公差等级、技术性能等特征的产品符号。

轴承代号由基本代号、前置代号和后置代号构成。

基本代号在中间位置，用于表示轴承的基本类型、结构和尺寸，是轴承代号的基础，由轴承类型代号、尺寸系列代号、内径代号构成。类型代号用阿拉伯数字（以下简称数字）或大写拉丁字母（以下简称字母）表示，尺寸系列代号和内径代号用数字表示。

前置、后置代号是轴承在结构形状、尺寸、公差、技术要求等有改变时，在其基本代号左右添加的补充代号。前置代号用字母表示，后置代号用字母（或加数字）表示。

2. 轴承精度等级

轴承精度分为 C 级（超精密级）、D 级（精密级）、E 级（高级）和 G 级（普通级）。铁道车辆用轴承一般均为普通级，通常在代号中不标出。

2.2.6 货车车辆无轴箱双列圆锥滚子轴承

双列圆锥滚子轴承示意图如图 2-4 所示。

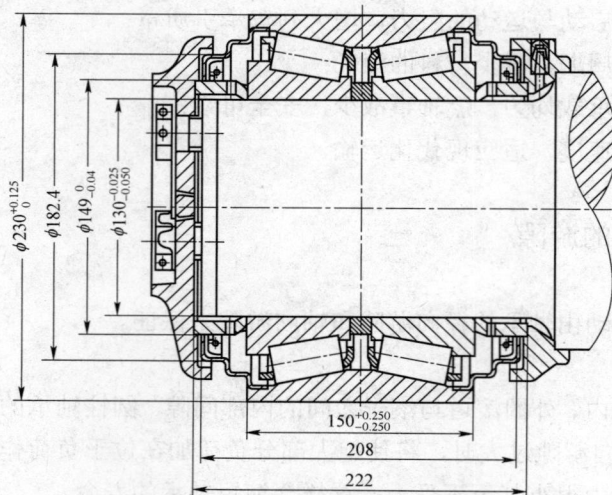

图 2-4 双列圆锥滚子轴承示意图

（1）外圈

两个轴承共用一个外圈。有一定斜度，无挡边。

（2）内圈

两个内圈独立。有一定斜度并有挡边。

（3）滚子

圆锥体。

（4）中隔圈

置于两个内圈之间。通过选择宽度不同的中隔圈调整轴向间隙。

（5）密封座

与轴颈过盈配合。

（6）后档

过盈配合在防尘板座上。

（7）前盖

通过螺栓安装在轴端部。

（8）承载鞍

连接侧架和轴承，顶部为 $R2000$ 的圆弧面。

2.2.7　轴承的润滑

1. 润滑的必要性

轴承润滑主要作用有以下几个方面：隔离滚动件金属接触面；减小摩擦和磨损；防止杂物进入轴承。

2. 润滑材料的选择

虽然润滑油的负载能力、耐高温特性及高转速条件下的性能均比润滑脂强，但密封困难，因此铁路轴承采用润滑脂，Ⅱ型脂用于货车轴承润滑，Ⅲ型脂用于客车轴承润滑。

3. 润滑脂填充量的选择

填充量为轴承自由空间的 30%～50%，过多将使轴承工作温度过高。

2.3　识读弹性减震元件

2.3.1　弹簧种类

车辆上采用的弹簧种类很多，按其材质可分为钢质弹簧、橡胶弹簧、空气弹簧三类。其中钢质弹簧主要包括叠板弹簧、螺旋弹簧、环弹簧、抗侧滚扭杆等，货车一般采用两级刚度螺旋圆弹簧。图 2-5 所示为几种两级刚度弹簧形式。

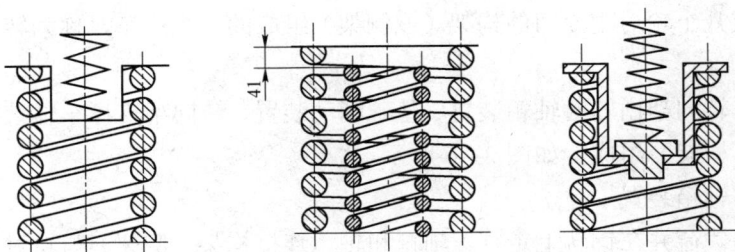

图 2-5　两级刚度弹簧形式

2.3.2　弹簧的主要技术指标介绍

1. 弹簧的刚度

弹簧受压缩时单位长度所需要的荷重或产生单位挠度所需的力，单位为 N/m。

2. 弹簧的柔度

单位载荷作用下产生的位移，即弹簧刚度的倒数。

3. 弹簧的静挠度

指在静载荷的作用下，弹簧所产生的弹性变形量。

4. 弹簧的动挠度

车辆在运行中，在动载荷的作用下，弹簧所产生的附加弹性变形量。

2.3.3　弹簧的作用

1. 使载荷均匀分布

弹簧使车辆的质量及载荷比较均匀地传递给各轮对，保证车辆的连挂。

2. 缓和冲击

弹簧能够缓和线路的各种不平顺引起的振动、冲击，缓和轮轨之间的相互作用，提高车辆的舒适性和平稳性，保证旅客舒适、安全，保证货物完整无损，延长车辆零部件及钢轨的使用寿命。应该明确一点，弹簧的作用只能是缓和冲击力，不能减少也不能消除冲击力。

2.4　货车转向架组成及分类

2.4.1　货车转向架组成

把两个或几个轮对用专门的构架（或侧架）组成的一个小车，称为转向架，也称走行部、台车。

一般货车转向架由轮对轴箱装置、基础制动装置、转向架支撑车体装置、弹性悬挂装置、侧架（构架）组成，如图 2-6 所示。

（1）轮对轴箱装置

轮对传递载荷并在钢轨上走行，轴箱和轴承连接构架（侧架）与轮对，使轮对转动转化为车体平面移动。

转向架基本构造

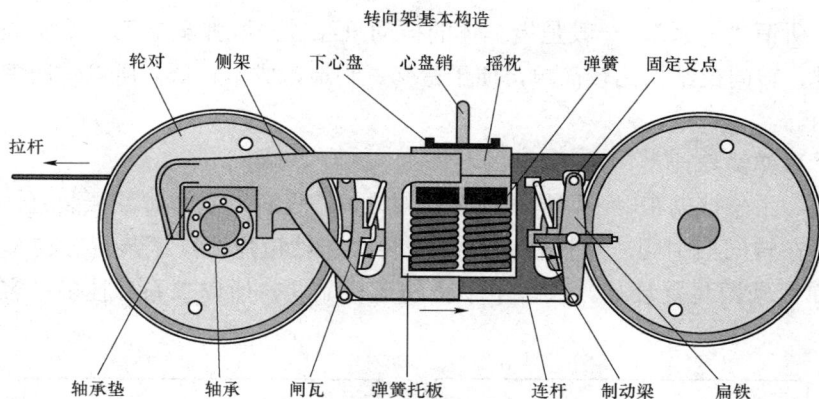

图 2-6 货车转向架的组成

（2）基础制动装置

基础制动装置是指机车车辆制动装置中，在制动缸活塞推杆之后至闸瓦以及其间一系列杠杆、拉杆、制动梁等传动部分（也包括闸瓦间隙自动调整器）所组成的装置。作用是把充入制动缸的压力空气在活塞上产生的推动力增大若干倍以后均匀地传给各个闸瓦，使之压紧车轮而产生制动作用。

（3）转向架支撑车体装置

转向架支撑车体装置作用为支承车体，传递作用力，在车辆通过曲线时实现车体和转向架间的回转。

（4）弹性悬挂装置

弹性悬挂装置可分为一系悬挂（轴箱附近悬挂）和二系悬挂（中央悬挂），货车一般采用一系悬挂减震。

（5）侧架（构架）

侧架主要用于安装转向架的其他附属配件并传递作用力。

2.4.2 转向架分类

1. 按轴数分

按容许轴重，车辆所用的车轴基本上可分为 B、C、D、E 四种。一般货车采用 B、D、E 三种轴型。随着我国铁路运输的发展，其趋势是除少数特殊用途车辆之外，新型货车主要采用 D、E 两种轴型。

按轴数不同分类，转向架有二轴、三轴和多轴的。我国大多数客、货车采用二轴转向架，一些大吨位货车及公务车等采用三轴转向架，在长大重载货车上采用多轴转向架或转向架群。

2. 按弹簧悬挂装置分

（1）一系弹簧悬挂

在采用一系悬挂的车辆上，从车体至轮对之间，只设有一系弹簧减振装置，如图 2-7

27

（a）所示。所谓"一系"，一般是指车体的振动只经过一次弹簧减振装置实施减振。采用一系悬挂，转向架结构比较简单，便于检修、制造，成本较低。所以一般多在货车转向架上采用。

（2）二系弹簧悬挂

在采用二系悬挂的车辆上，从车体至轮对之间，设有二系弹簧减振装置，如图2-7（b）所示。在转向架中同时有摇枕弹簧减振装置和轴箱弹簧减振装置，使车体的振动经历二次弹簧减振装置衰减。改善了车辆的运行品质，所以二系悬挂多在客车转向架上采用。

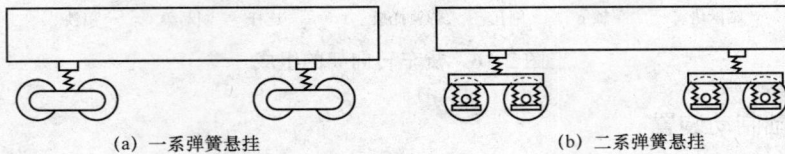

(a) 一系弹簧悬挂　　(b) 二系弹簧悬挂

图2-7　弹簧悬挂装置

3. 按中央弹簧跨距和构架侧梁中心线间的距离关系分

（1）内侧悬挂

转向架中央弹簧的横向跨距小于构架两侧梁的纵向中心线之间距离，如图2-8（a）所示。简称内侧悬挂转向架。

（2）外侧悬挂

这种转向架中央弹簧的横向跨距大于构架两侧梁的纵向中心线之间距离，如图2-8（b）所示。简称外侧悬挂转向架。

（3）中心悬挂

中央弹簧的横向跨距与构架两侧梁的纵向中心线之间距离相等，如图2-8（c）所示。简称中心悬挂转向架。

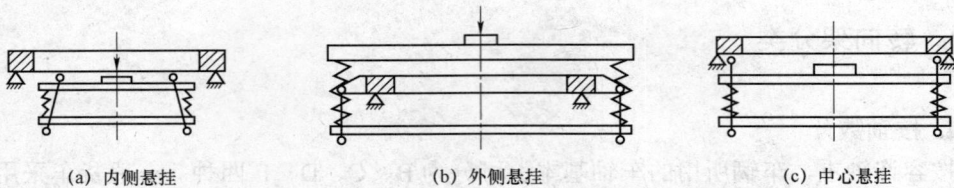

(a) 内侧悬挂　　　　(b) 外侧悬挂　　　　(c) 中心悬挂

图2-8　弹簧装置的横向跨距

4. 按不同的载荷分配及载荷作用点分

（1）心盘集中承载

车体上的全部重量通过前后两个上心盘分别传递给前后转向架的两个下心盘，如图2-9（a）所示。我国大多数客、货车转向架都是这种承载方式。

（2）非心盘承载

这种型式的转向架没有心盘装置，虽然有的转向架上还有类似心盘的装置存在，但它仅作为牵引及转动中心之用，而车体上的全部重量通过中央弹簧悬挂装置直接传递给转向架构架。其中有的转向架在中央弹簧悬挂装置与构架之间安装有旁承装置，这种转向架又称为旁承承载，如图 2-9（b）所示。

（3）心盘部分承载

这种承载方式的结构是上述两种承载方式结构的组合，即车体上的重量按一定比例分配，分别传递给心盘与旁承，使之共同承载。如图 2-9（c）所示。

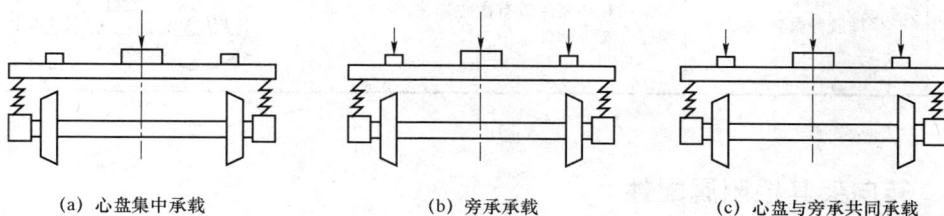

| (a) 心盘集中承载 | (b) 旁承承载 | (c) 心盘与旁承共同承载 |

图 2-9　车体载荷传递方式

5. 按轴箱定位方式分

转向架按轴箱定位方式不同可以分为多种类型，常见轴箱定位方式见表 2-1。

表 2-1　常见轴箱定位方式

序号	名称	定　义	图　示
1	固定定位	轴箱与侧架为一体，无间隙	
2	导框式定位	轴箱上有导槽，侧架或构架上有导框，前后左右有一定间隙	
3	干摩擦导柱式	构架上的导柱插入轴箱弹簧托盘上的支持环	
4	油导筒式	导柱在导筒内上下移动定位时，油漆可进出导柱的内腔，产生减振作用	
5	拉板式定位	特种弹簧钢制成薄形定位拉板，一端连轴箱，另一端通过橡胶节点连构架	
6	拉杆式定位	拉杆两端有橡胶节点，分别与轴箱和构架连接，实现弹性定位	

序号	名称	定　义	图　示
7	转臂式定位	又称弹性绞定位，一端与轴箱固接，另一端通过橡胶节点与构架相连	
8	橡胶弹簧定位	轴箱和构架间设有橡胶弹簧，合理选取刚度，实现弹性定位	

2.4.3　转向架其他附属配件

1. 旁承

货车旁承（见图 2-10）的种类按其作用方式不同可分为摆块式旁承、平面摩擦式旁承、常接触式弹性旁承和双作用常接触式弹性旁承等几种。前两种已属于淘汰型，新造通用货车均采用弹性旁承和 JC 系列旁承。

图 2-10　旁承

2. 摇枕

摇枕（见图 2-11）的用途是承受车体重量的 1/2（即整个转向架荷重），并均匀分配到两端枕簧，同时把两个侧架连接起来，使之成为一个整体。

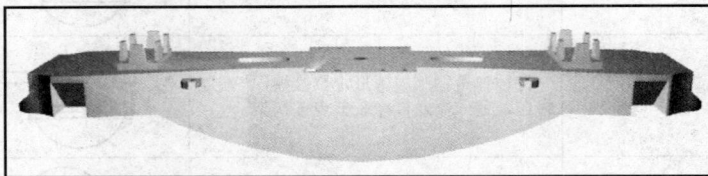

图 2-11　摇枕

3. 心盘

心盘（见图 2-12）从位置上可分为上心盘（与车体相连接）、下心盘（与摇枕相连接）。从结构上分，可分为下心盘与摇枕一体式和下心盘与摇枕组合式两种。由于落车时导向，为使上、下心盘吻合，防止在运动中发生跳动而分离，上、下心盘间穿以中心销，起定位和引导作用。

图 2-12　心盘

心盘的基本作用：支撑并传递车体重量的 1/2；连接转向架与车体，承受纵向的各种力，完成牵引作用；完成转向架与车体间的相对转动作用，随时进行运行中的转向。

4. 基础制动装置

基础制动装置（见图 2-13）的作用主要是将制动缸传来的力增大若干倍后传给执行机构进行制动。

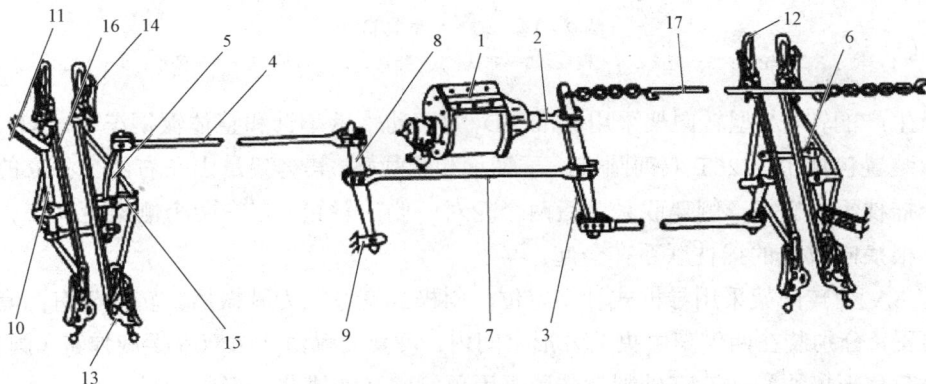

图 2-13　四轴货车基础制动装置

1—制动缸；2—活塞推杆；3—制动缸前杠杆；4—上拉杆；5—制动杠杆；6—下拉杆；7—连接拉杆；
8—制动缸后杠杆；9—制动缸后杠杆托；10—固定杠杆；11—固定杠杆支点；12—闸瓦托吊；
13—闸瓦托；14—闸瓦；15—制动梁支柱；16—制动梁；17—手制动拉杆

2.5　货车常用转向架结构特点及主要技术参数

1. 转 8 系列转向架

转 8A 型转向架属三大件式转向架，是目前我国大量运用的一种主型货车 D 轴转向架。这种转向架的主要优点是：结构比较简单、坚固，检修方便，在新车状态时速为

100 km 的速度范围内具有较好的运行品质，转 8A 型转向架结构如图 2－14 所示。

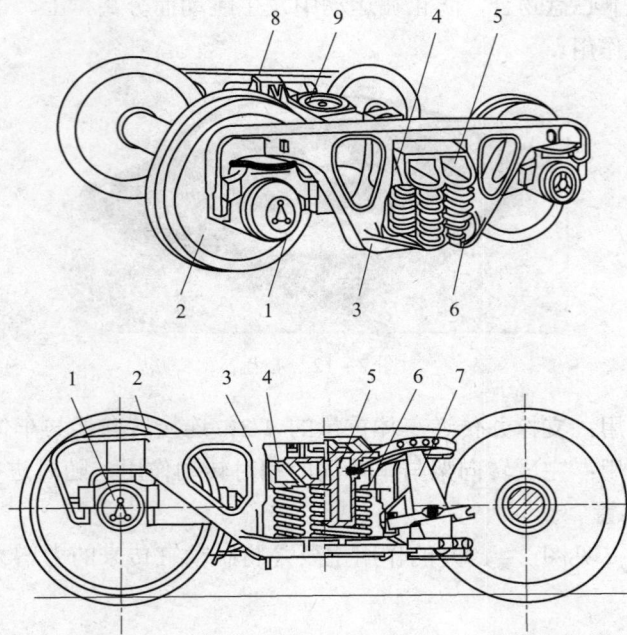

图 2－14　转 8A 型转向架
1—轴承；2—轮对；3—侧架；4—楔块；5—摇枕；6—弹簧；7—制动装置；8—旁承；9—下心盘

　　新生产的转 8A 型转向架采用标准 RD_2 型滚动轴承车轴和整体辗钢车轮。RD_2 型滚动轴承装置包括 197726T 双列圆锥滚子轴承和承载鞍。其构架是由左右两个独立的侧架与一个摇枕组成。每一侧架联系前后两个轮对一侧的轴箱，左右两个侧架之间在中央部位用一根横向放置的摇枕联系在一起。

　　转 8A 型转向架采用导框式轴箱定位，斜楔式变摩擦力减振器。转向架有两套弹簧减振装置，分别装在两侧架中央的方形空间内。每套装置由 7 组双卷螺旋弹簧（圆弹簧）和两块三角形楔块组成。基础制动装置采用单侧闸瓦滑槽式弓形制动梁。

　　重力传递经过的零部件经常承受较大的铅垂静载荷和动载荷作用，为保证行车安全应经常认真对这些配件进行检修。载荷传递顺序如图 2－15 所示。

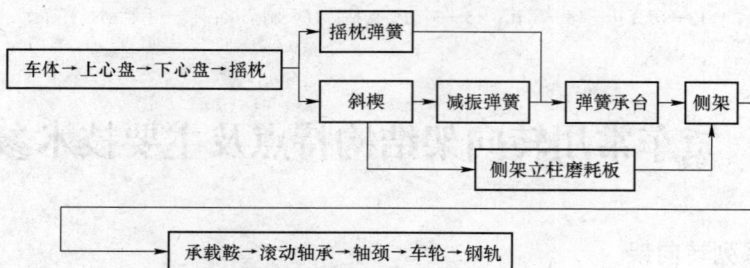

图 2－15　载荷传递顺序

　　转 8AG 型转向架的具体结构如图 2 – 16 所示。主要是在转 8A 型转向架基础上，加装交叉支撑装置，加装心盘磨耗盘，采用双作用弹性旁承，采用两级刚度弹簧，采用奥贝球铁衬套，为适应两级刚度弹簧将摇枕弹簧定位圆脐加高。为适应交叉支撑装置，采用了新结构的下拉杆。其他主要零部件（摇枕、侧架、制动装置、轮对等）与转 8A 型转向架相同。

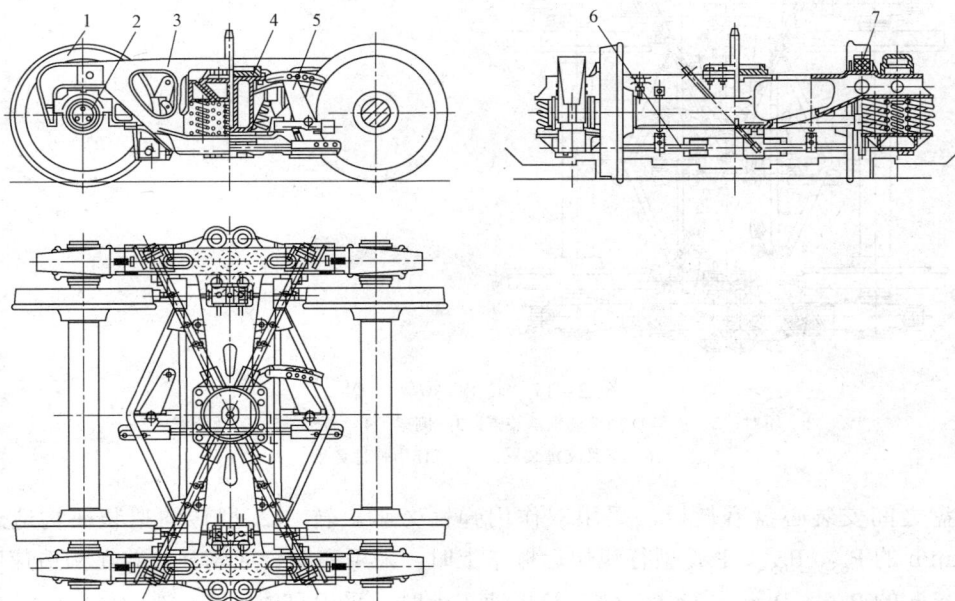

图 2 – 16　转 8AG 型转向架
1—轮对；2—货车 D 轴滚动轴承装置；3—侧架；4—摇枕；5—制动装置；
6—交叉支撑装置；7—双作用弹性旁承

　　转 8G 型转向架结构如图 2 – 17 所示，主要是在转 8A 型转向架侧架基础上，将侧架外弯钩断面变成箱形结构，对原结构薄弱部位进行了加强，采用嵌入式滑槽磨耗板，增加左、右支撑座各 1 个、保持环 4 个，其他零件与转 8A 型转向架相同。

　　转 8G 型与转 8AG 型转向架的区别在于采用重新设计的改进型侧架和支撑座，能够保证支撑座与侧架接触弧面密贴施焊，从而取消了转 8AG 型用的连接板。采用弧形筋结构闸瓦托，增大了瓦托与交叉杆的间隙。借用了转 K2 型转向架的嵌入式滑槽磨耗板，提高磨耗板的耐磨性能并方便了检修。其余零部件与转 8AG 型转向架相同。

2. 转 K1 型、转 K2 型与转 K6 型转向架

　　转 K1 型转向架属于带变摩擦减振装置的铸钢三大件式转向架。因转 K1 型转向架应用较窄，本书只重点介绍转 K2 型转向架和转 K6 型转向架的性能与结构。

　　转 K2 型转向架属于铸钢三大件式转向架，在两侧架之间安装了弹性下交叉支撑装置，交叉杆从摇枕下面穿过，侧架、摇枕采用 B 级钢材铸造。减振装置一种采用分离式斜楔、摇枕斜楔摩擦面上焊装楔形插板，另一种采用整体式斜楔、摇枕斜楔摩擦面上焊装平板型磨耗板，基础制动装置为中拉杆结构，中央悬挂系统采用两级刚度弹簧，上、

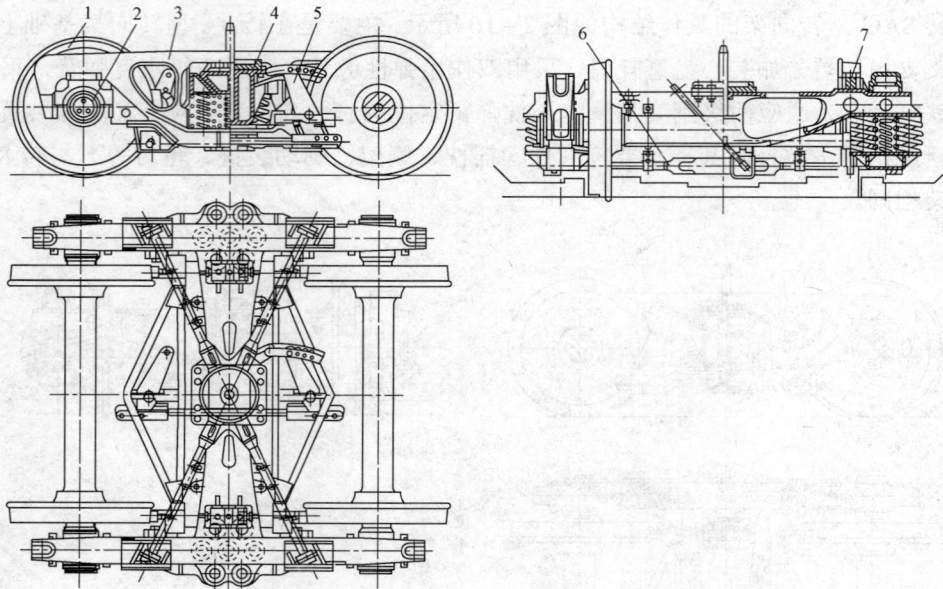

图 2-17　转 8G 型转向架

1—轮对；2—货车 D 轴滚动轴承装置；3—侧架；4—摇枕；5—制动装置；
6—交叉支撑装置；7—双作用弹性旁承

下心盘之间安装心盘磨耗板，采用双作用弹性旁承。转 K2 型转向架装在构造速度 120 km/h 的 P_{65}、P_{65A}、P_{65S} 型行包快运棚车上时，采用高摩合成闸瓦；装在构造速度为 100 km/h 的 P_{64B}、P_{64AK}、C_{64B}、C_{64K} 等提速车上时，采用高磷闸瓦。

转 K6 型转向架也属于铸钢三大件式转向架。一系悬挂采用轴箱弹性剪切垫，二系悬挂采用带变摩擦减振装置的中央枕簧悬挂系统，摇枕弹簧为二级刚度。两侧架之间加装侧架弹性下交叉支撑装置，下心盘内设有尼龙心盘磨耗盘，采用 JC 型双作用常接触弹性旁承，装用 25 t 轴重双列圆锥滚子轴承，采用轻型新结构 HEZB 型铸钢车轮或 HESA 型辗钢车轮。基础制动装置为中拉杆式单侧闸瓦制动装置，采用 L-A 型或 L-B 型组合式制动梁，新型高摩合成闸瓦。

转 K6 型转向架适用于标准轨距，轴重 25 t，最高商业运营速度 120 km/h 的各型铁路提速、重载货车。

表 2-2 为转 K2 型转向架与转 K6 型转向架技术参数对比表。

表 2-2　转 K2 型转向架与转 K6 型转向架技术参数对比表

	转 K2 型	转 K6 型
固定轴距	1 750 mm	1 830 mm
轴颈中心距	1 956 mm	1 981 mm
旁承中心距	1 520 mm	1 520 mm
车轮直径	840 mm	840 mm
轨距	1 435 mm	1 435 mm

续表

	转 K2 型	转 K6 型
轴重	25 t	25 t
自重	4.2 t	4.8 t
最高运行速度	120 km/h	120 km/h
车轮踏面形状	LM 磨耗型踏面	LM 磨耗型踏面
车轴型号	RD_2 型	RE_{2A} 型或 RE_{2B} 型
样式图		

3. 转 K4 型与转 K5 型转向架

转 K4 型转向架是在引进的美国 Swing Montion 型转向架的基础上，结合我国铁路运输的具体情况而改进研制的中国铁路货车运用的摆动式转向架。其结构类似于传统铸钢三大件式转向架，主要由轮对、轴承装置、摇枕、侧架、弹性悬挂系统、减振装置、基础制动装置、常接触式弹性旁承等组成，该型转向架采用独特的弹簧托板、摇动座等结构，具有更好的横向性能及其他优点。

转 K4 型转向架采用了类似于客车转向架的摇动台摆式结构，使转向架横向具有两级刚度特性，提高了车辆的横向动力学性能，降低了轮轨间的磨耗，提高了车辆的运行品质，其轮对和轴承装置与目前线路上运用的转 8A 型、转 8G 型、转 K2 型、转 K3 型转向架具有相同结构。

转 K5 型转向架适用于在标准轨距铁路上运用的载重为 70 t 级的各型铁路货车、载重为 76 t 级和 80 t 级的各型运煤专用敞车，以及其他总重为 100 t 级的铁路专用货车。结构上属于铸钢三大件式转向架，具有结构简单、车轮均载性好、检修维护方便等优点。

转 K5 型转向架结构类似于转 K4 型转向架，主要由轮对、轴承装置、摇枕、侧架、弹性悬挂系统、减振装置、基础制动装置、常接触式弹性旁承及横跨梁等组成，该型转向架也采用了独特的弹簧托板、摇动座等结构，具有更好的横向性能及其他优点。

表 2-3 为转 K4 型转向架与转 K5 型转向架技术参数对比表。

表 2-3　转 K4 型转向架与转 K5 型转向架技术参数对比表

	转 K4 型	转 K5 型
固定轴距	1 750 mm	1 800 mm
轴颈中心距	1 956 mm	1 981 mm

	转 K4 型	转 K5 型
旁承中心距	1 520 mm	1 520 mm
车轮直径	840 mm	840 mm
轨距	1 435 mm	1 435 mm
轴重	25 t	25 t
自重	4.2 t	4.68 t
最高运行速度	120 km/h	120 km/h
制动倍率	6.48	4
车轴型号	RD_2 型	RE_{2A} 型
样式图		

4. 转 K3 型与转 K7 型转向架

转 K3 型转向架借鉴欧洲 Y25 型转向架技术，采用了整体构架、轴箱一系悬挂、轮对纵横向弹性定位、常接触式弹性旁承等先进技术，具有较高的临界速度。在 120 km/h 速度范围内具有优良的运行品质，其最高线路试验速度达到 140 km/h。由 H 形整体焊接构架、轴箱弹簧悬挂装置、轮对、常接触式弹性旁承及基础制动装置等组成。采用球面心盘、高分子磨耗板、高摩合成闸瓦及单侧斜楔减振装置，在与斜楔相对的导框座中，加设了纵向定位弹簧。该转向架具有抗菱刚度高、安全、可靠、便于通过曲线，维修费用低等优点。

转 K7 型转向架，主要用于大秦线 80 t 级运煤敞车，亦可用于其他 70 t 级铁路货车，并能满足货车 120 km/h 的运行要求。转 K7 型转向架是在原三大件式转向架的基础上将一个轮对的左右两个承载鞍相连，形成 U 形副构架。前后两个轮对通过连接杆与两 U 形副构架销接在一起，从而形成自导向机构。

转 K7 型转向架为铸钢三大件式转向架。主要由轮对、侧架、橡胶堆、摇枕、基础制动装置、滚动轴承装置、JC 型双作用弹性旁承、轮对径向装置、组合式斜楔等部件组成。一系悬挂采用橡胶堆，相对于轮轴中心线呈斜对称分布，二系悬挂采用带变摩擦减振装置的中央枕簧悬挂系统，摇枕弹簧为二级刚度，采用组合式斜楔，采用直径为 375 mm 的下心盘，下心盘内设有导电式尼龙心盘磨耗盘。基础制动装置为下拉杆式单侧闸瓦制动装置，采用 L−A 型或 L−B 型组合式制动梁，新型高摩合成闸瓦。

表 2-4 为转 K3 型转向架与转 K7 型转向架技术参数对比表。

表 2-4 转 K3 型转向架与转 K7 型转向架技术参数对比表

	转 K3 型	转 K7 型
固定轴距	1 800 mm	1 800 mm
轴颈中心距	1 956 mm	1 981 mm
旁承中心距	1 520 mm	1 520 mm
车轮直径	840 mm	840 mm
轨距	1 435 mm	1 435 mm
轴重	21 t	25 t
自重	4.2 t	4.77 t
最高运行速度	120 km/h	120 km/h
制动倍率	6.48	6
车轴型号	RD_2 型	RE_{2B} 型
样式图		

5. DZ 系列转向架

DZ1 型、DZ2 型和 DZ3 型转向架均为铸钢三大件式转向架。主要由轮对、侧架、摇枕、弹性旁承、滚动轴承、基础制动装置、减振装置、轴箱橡胶垫、下交叉支撑装置等部件组成。采用两级刚度弹簧，采用直径为 375 mm 的下心盘，下心盘内装有导电式心盘磨耗盘，采用 RF2 型车轴，杠杆制动装置。

表 2-5 为 DZ1 型转向架技术参数表。

表 2-5 DZ1 型转向架技术参数表

固定轴距	1 860 mm
轴颈中心距	2 006.6 mm
旁承中心距	1 520 mm
车轮直径	915 mm
轨距	1 435 mm
轴重	27 t
自重	约 5.15 t；DZ3 型约 5.44 t
最高运行速度	100 km/h
通过最小曲线半径（限速）	145 m
转向架制动装置倍率	4 倍；DZ3 型为 6 倍

| 样式图 |  |

单元综合检测

一、填空题

1. 转向架一般由（　　　　　　）、（　　　　　　）、（　　　　　　）、（　　　　　　）和转向架支承车体装置组成。

2. 转 K2 型转向架属于（　　　　　　）交叉，（　　　　　　）拉杆式结构的交叉支撑转向架。

3. 车体与转向架之间的载荷传递方式有（　　　　　　）、（　　　　　　）和（　　　　　　）。

二、选择题

1. 主型车辆转向架一般都为（　　　　）转向架。

A. 二轴　　　　　　B. 三轴　　　　　　C. 多轴

2. 转 8A 型转向架的轴箱定位方式为（　　　　）定位。

A. 固定式　　　　　B. 拉板式　　　　　C. 导框式

3. 货车转向架上一般均安装结构简单的（　　　　）减振装置。

A. 摩擦式　　　　　B. 油压式　　　　　C. 涡流式

三、判断题

1. 一般多在货车转向架上采用一系弹簧悬挂装置。（　　　）

2．转 8A 型转向架采用一系中央悬挂，Ride Control 常摩擦力减振器。（　　）

3．转 K2 型转向架装在构造速度 120 km/h 的行包快运棚车上时，采用高磷闸瓦。
（　　）

四、简答题

1．按轴数和类型转向架是如何分类的？

2．转 K3 型转向架由哪些部分组成？

3．试述转 8A 型转向架的组成、结构及特点。

4．转 K2 型等交叉支撑转向架的主要结构特征有哪些？

错题统计	题号　原因	知识不牢	审题不清	方法不当	综合应用欠缺
总结反思	我的收获和不足：				

第 3 单元

车钩缓冲装置总体认识

单元目标

1. 了解、掌握车钩主要基础知识及常用的限度
2. 能够辨认货车常见型号的车钩
3. 掌握车钩缓冲装置的主要组成
4. 培养检修车钩缓冲装置的能力

3.1 车钩缓冲装置概述

3.1.1 车钩缓冲装置的作用

1. 连接

连接机车和车辆、车辆与车辆并保持一定距离。

2. 传递

传递牵引力、纵向冲击力。

3. 缓冲

传递并缓冲纵向冲击力。

3.1.2 车钩缓冲装置的组成

车钩缓冲装置是用于使车辆与车辆、机车或动车相互连挂，传递牵引力、制动力并缓和纵向冲击力的车辆部件。它由车钩、缓冲器、钩尾框、从板等组成一个整体，安装于车辆底部的牵引梁内。

3.1.3　车钩的分类

按照牵引连挂装置的连接方式，车钩可分为自动车钩和非自动车钩。自动车钩不需要人工参与就能实现连接，非自动车钩则要由人工完成车辆之间的连接。我国铁路车辆均采用自动车钩。自动车钩又可分为两种基本类型：非刚性车钩和刚性车钩，如图 3-1 所示。

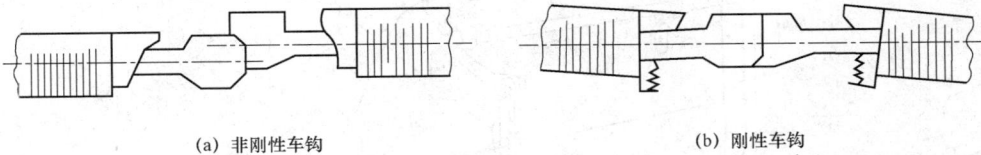

(a) 非刚性车钩　　　　　　　　　　　　　(b) 刚性车钩

图 3-1　车钩示意图

刚性车钩减小了两个连接车钩之间的间隙，从而大大降低了列车运行中的纵向冲动，提高了列车运行的平稳性，同时也降低了车钩零件的磨耗和噪声。另外，刚性车钩有可能同时实现车辆间的气路和电路的自动连接。非刚性车钩结构较简单，强度高，重量轻，与车体的连接较为简单。我国铁路一般客、货车均采用非刚性的自动车钩。

3.1.4　《铁路货车运用维修规程》中关于车钩缓冲装置的一些规定

1. 互钩差

相邻两车车钩的高度差最大不得超过 75 mm，这个高度差是根据相邻两车车钩中心线分别至轨面高度之差计算得来的。

2. 车钩高度

车钩钩舌的水平中心线距钢轨面在空车状态下的高度，客货车为（880±10）mm，守车为（870±10）mm。

3. 车钩提杆的松余量

车钩提杆的松余量为 40～55 mm。

3.1.5　车钩缓冲装置受力分析

1. 当车辆受牵拉时

车钩→钩尾框→后从板→缓冲器→前从板→前从板座→牵引梁。

2. 当车辆受冲击时

车钩→前从板→缓冲器→后从板→后从板座→牵引梁。

3.1.6 车钩的开启方式

车钩的开启方式分为上作用式（见图3-2）及下作用式（见图3-3）两种。

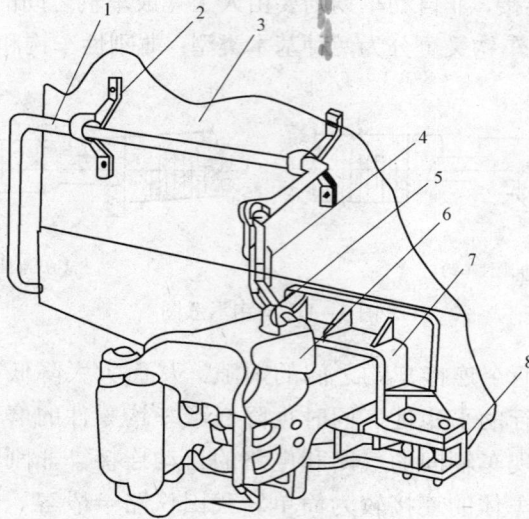

图3-2　上作用式车钩装置

1—车钩提杆；2—车钩提杆座；3—车体端墙；4—车钩提杆链；5—上锁销；6—钩头；7—冲击座；8—钩身托梁

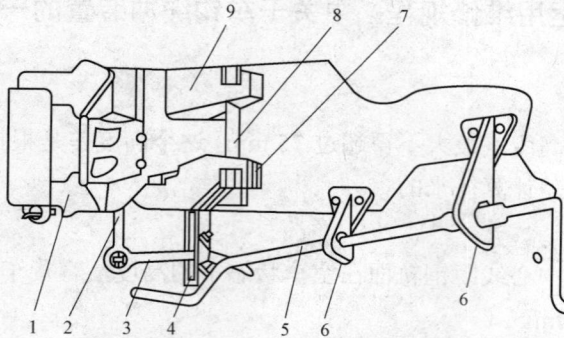

图3-3　下作用式车钩装置

1—钩头；2—下锁销；3—下锁销杆；4—下锁销托吊；5—车钩提杆；

6—车钩提杆座头；7—车钩托梁；8—吊杆；9—冲击座

3.1.7 车钩的三态作用

1. 闭锁位置

闭锁位置指机车与车辆或车辆与车辆之间，两个车钩互相连接的位置，如图3-4（a）所示。两个车钩均处于闭锁位置时，才能传递牵引力。

2. 开锁位置

摘解车辆时的预备位置，此时车钩内部零配件已处于开锁位置，当转动钩舌时，车钩即可形成全开位置。两车车钩摘解时至少有一端车钩应在此位置。如图 3－4（b）所示。

3. 全开位置

钩锁被充分提起，钩舌转动到最大开放位置，如图 3－4（c）所示。两车连挂时至少有一端车钩应该在此位置。

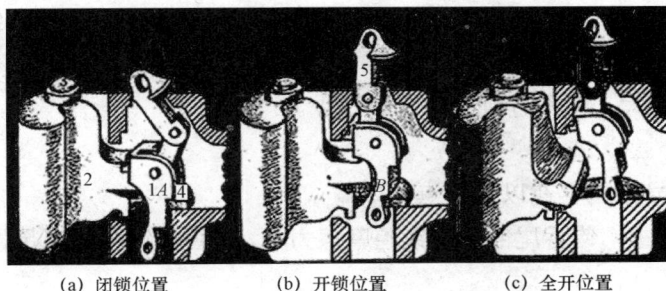

(a) 闭锁位置　　　　(b) 开锁位置　　　　(c) 全开位置

图 3－4　车钩的三态作用

3.2　识读 13 号、13A 号车钩

3.2.1　13 号、13A 号车钩的组成

13 号、13A 号车钩由钩体、钩舌及钩头配件等组成，其中钩体分为钩头、钩身、钩尾 3 部分，钩头是车辆相互连接的主要部分，钩头配件如图 3－5 所示。

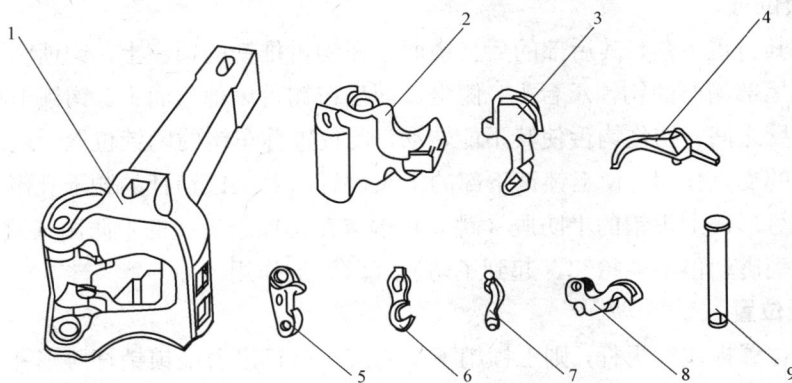

图 3－5　13 号、13A 号车钩钩头配件

1—钩头；2—钩舌；3—钩锁铁；4—钩舌推铁；5—上锁销杆；6—上锁销；

7—下锁销；8—下锁销杆；9—钩舌销

3.2.2　13 号、13A 号车钩的优、缺点

1. 优点

13 号、13A 号车钩具有以下优点：

（1）具有较大的抗拉强度，静拉载荷可达 2.5～3.0 MN；

（2）在钩锁腔及钩舌上除设有牵引突缘外还设有护销突缘，并合理地安排了钩体、钩舌及钩舌销三者之间的间隙，可使钩舌销不受力或较少受力，以充分发挥车钩各部分的材料抗拉能力；

（3）钩舌断面大，弯角过渡缓和，裂纹少。

2. 缺点

13 号、13A 号车钩存在以下缺点：

（1）由于钩舌重，钩舌尾部与钩锁腔摩擦力大，钩舌推铁踢力不足，在全开位置时，钩舌回转缓慢；

（2）钩头大，钩身短，钩头下垂较多；

（3）落锁不明显。

3.2.3　13 号、13A 号车钩关系

13A 号车钩又称小间隙车钩，是在 13 号车钩的基础上改造而成。可以与现有的 13 号车钩进行互换，并且能够与 13 号、16 号、17 号车钩连挂。

3.2.4　13 号、13A 号车钩的三态作用

1. 闭锁位置

钩锁以其自重下落，其后部的后坐锁面坐在钩舌推铁的锁座上，钩锁侧面的前坐锁面坐在钩舌尾部侧面的钩锁承台上，侧坐锁面坐在钩舌尾部顶面上。钩锁卡在钩舌锁面和钩锁腔立壁之间，挡住钩舌使其不能转动，此位置称车钩的闭锁位置。这时由于上锁销定位凸檐的支点作用，使上锁销下部的沉头铆钉沿着上锁销杆的腰形孔滑下，使上锁销装配形成弓形，上锁销的上防脱（跳）止端卡在钩锁腔后壁的上防脱（跳）台下方，这样钩锁虽受震动但不能抬起，起到了防脱（跳）的作用。

2. 开锁位置

由闭锁位置提起钩提杆，则上锁销下部的沉头铆钉沿着上锁销杆腰形孔上移，该装配伸直离开防脱（跳）位置。当继续提车钩提杆时，上锁销提起钩锁越过钩舌尾部，由于钩锁偏重，其腿部向后偏转。当放下车钩提杆时，钩锁腿部的开锁坐锁面就落在钩舌推铁的锁座上，使钩锁不致落下，呈开锁位置。

3. 全开位置

从闭锁或开锁位置，用力提起车钩提杆，钩锁被充分提起，钩锁前部的全开回转支点与钩锁腔的全开回转支点座接触，并以此支点转动。钩锁腿部向钩锁腔后部旋转，其后踢足面和钩舌推铁的踢足推动面接触，踢动钩舌推铁的锁座端，使钩舌推铁绕回转支轴转动。钩舌推铁的另一端（钩舌推铁腿），以其推铁踢足推动钩舌尾部的钩舌推铁面，使钩舌以其钩舌销为转轴转动，成全开位置。

3.3　识读 16 号、17 号车钩

3.3.1　16 号、17 号车钩简介

16 号、17 号联锁式固定和转动车钩是为我国大秦线运煤万吨列车配置的重要车辆部件，具有连挂间隙小、结构强度高、联锁性能好及垂向防脱性能高等优点。整个列车固定编组，在卸煤场设有自动列车定位机和翻车机，当装有转动车钩的车辆进入翻车机位反转卸煤时，可不摘钩连接作业，从而大大缩短了卸货作业的辅助时间，提高了运输效率。

16 号车钩为转动车钩，一般装在车辆的一位端；17 号车钩为固定车钩，一般装在车辆的二位端。整列车上每组相连接的两个车钩，一为 16 号转动车钩，一为 17 号固定车钩，彼此相互搭配使用。由于其所具有的优越性能相当突出并且能与 13 号车钩连挂使用，现在 16 号、17 号车钩已经不单单在大秦线上使用了，在全国的其他铁路线上也正推广使用。

3.3.2　16 号、17 号车钩翻转原理

翻车机带动待翻车辆绕车钩中心线翻转 180°，被翻车连同装 16 号车钩一端的钩尾框翻转，而该端 16 号车钩受相邻车 17 号车钩约束静止不动。被翻车另一端 17 号车钩带动相邻车 16 号车钩翻转。

3.3.3　16 号车钩的组成

16 号车钩系统包括：16 号车钩组成、16 号钩尾框、转动套、16 号钩尾销、钩尾销托组成和 16 号车钩从板等零部件。16 号车钩的零部件及转动系统分别如图 3-6 和图 3-7 所示。

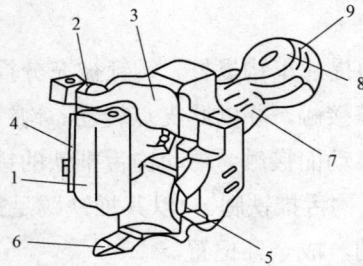

图 3-6　16 号车钩的零部件

1—钩舌；2—钩舌销；3—钩头；4—联锁套口；5—联锁套头；6—联锁辅助支架；

7—钩身；8—钩尾端面；9—钩尾凸肩

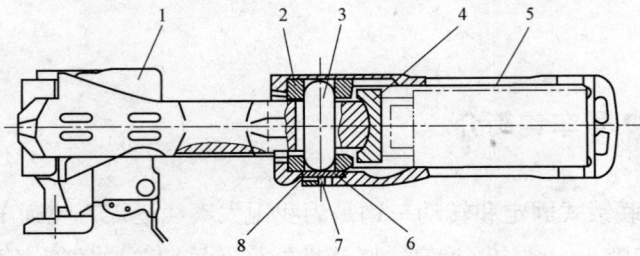

图 3-7　16 号车钩转动系统

1—钩头；2—转动套；3—钩尾销；4—从板；5—钩尾框；6—钩尾销托；7—开口销；8—插销

3.3.4　17 号车钩的组成

17 号车钩系统包括：17 号车钩组成、17 号钩尾框、17 号钩尾销和 17 号车钩从板等零部件，如图 3-8 所示。

17 号车钩由 17 号车钩钩体、钩舌、钩舌推铁、钩舌销、锁铁组装、下锁销转轴和 17 号车钩下锁销组装等零部件组成，其中钩舌、钩舌推铁、钩舌销和锁铁组装与 16 号车钩组成完全通用。17 号车钩钩体的钩头部分与 16 号车钩相同，因 17 号车钩是固定车钩，所以钩身的形状与其他车钩相似，为箱形截面。钩尾与从板接触的部位为半径 133.5 mm 的球面，并在两侧有使车钩与车体自动对中的凸肩。

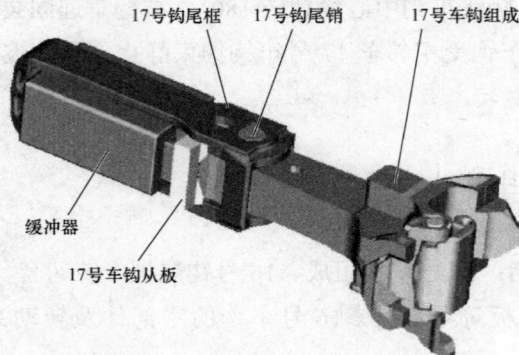

图 3-8　17 号车钩系统

3.3.5　16 号、17 号车钩的主要特点

16 号、17 号车钩主要有以下几个方面的特点：

（1）良好的防跳性能和防分离的可靠性高；

（2）具有联锁功能和防脱功能；

（3）耐磨性能好；

（4）车钩强度高；

（5）具有自动对中功能，曲线通过性能好；

（6）连挂间隙小；

（7）连挂性能好。

3.4　识读货车缓冲器

3.4.1　缓冲器的主要功能

缓和、耗散列车运行中由于牵引力的变化或在启动、制动及调车作业时车辆间相互碰撞而引起的纵向冲击和振动。保护车辆和货物，提高运行平稳性。

3.4.2　缓冲器的工作原理

借助压缩弹性元件缓和冲击力，在弹性元件变形过程中利用摩擦和阻尼吸收冲击能量。

3.4.3　缓冲器的类型

常见的缓冲器类型有：弹簧式缓冲器、摩擦式缓冲器、橡胶缓冲器、摩擦橡胶式缓冲器、黏弹性橡胶泥缓冲器、液压缓冲器及空气缓冲器等。

应用最广泛的为摩擦式缓冲器和摩擦橡胶式缓冲器。

3.4.4 缓冲器的主要性能参数

1. 行程

缓冲器受力后产生的最大变形量称为行程。

2. 最大作用力

缓冲器产生最大变形量时所对应的作用外力，即最大作用力。

3. 容量

缓冲器在全压缩过程中，作用力在其行程上所做的功的总和称为容量。它是衡量缓冲器能量大小的主要指标，如果容量太小，则当冲击力较大时就会使缓冲器全压缩而导致车辆刚性冲击。

4. 初压力

初压力指缓冲器的静预压力。初压力太小将影响列车启动加速度。

5. 能量吸收率

缓冲器在全压缩过程中，有一部分能量被阻尼所消耗，其所消耗部分的能量与缓冲器容量之比称为能量吸收率。能量吸收率越大，则表明缓冲器吸收冲击能量的能力越大，反冲作用就越小，否则，缓冲器必须往复工作几次方能将冲击能量消耗尽，这将导致车钩、车底架过早疲劳损伤，并且加剧列车纵向冲动。一般要求能量吸收率不低于 70%。

3.4.5 我国缓冲器的主要特点

我国规定货车结构允许的最大纵向力为 2.25 MN。要求货车缓冲器最大阻抗≤2 000 kN，容量≥45 kJ；客车缓冲器最大阻抗≤800 kN，容量≥20 kJ。因此，我国货车缓冲器特点是低阻抗、大容量，为此应采取增大行程的方式以限制最大作用力。

3.5 识读各型号缓冲器

3.5.1 2 号、G2 型缓冲器的构造与原理

2 号缓冲器（见图 3-9）装设在货车上使用，为了增加缓冲器的容量，环形弹簧（简称"环簧"）断面尺寸较 1 号缓冲器环簧要大些。缓冲器内共有 25 个环簧，其中大环簧 8 个，小环簧 4 个，内环簧 9 个，开有切口的内环簧及半环簧各 2 个。G2 型缓冲器环簧的受力较为合理，其最大的工作应力在内环簧断面。避免 2 号缓冲器运用中出现环簧

产生永久变形、环簧断裂、卡环及容量不稳等缺陷，提高了缓冲器的使用寿命。

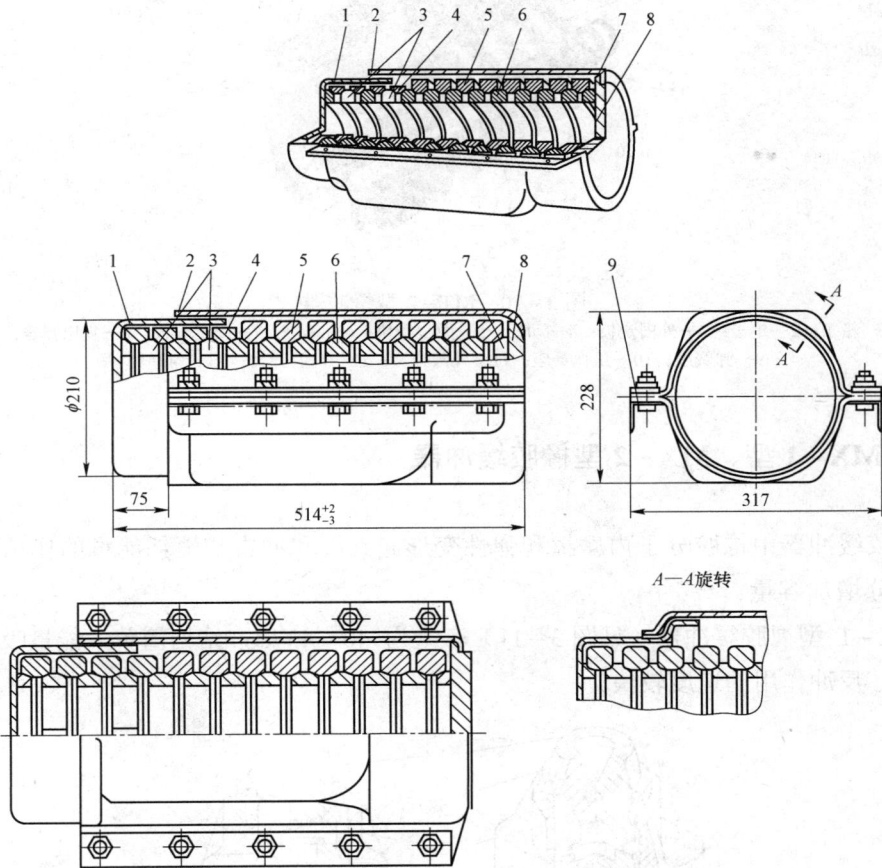

图 3-9 2 号缓冲器

1—盒盖；2—弹簧盒；3—开口内环簧；4—小外环簧；5—大外环簧；
6—内环簧；7—半环簧；8—底板；9—角铁、螺栓

3.5.2 MT-2 型、MT-3 型缓冲器

为满足 6 kt 至 10 kt 重载单元列车，干线 5 kt 级重载列车，以及发展 25 t 轴重大型货车的需求，新一代大容量通用货车缓冲器应满足以下要求：① 最大阻抗≤2.0 MN；② 容量≥45 kJ；③ 冲击速度≤8 km/h；④ 检修周期≥10 年。

弹簧摩擦式缓冲器，结构和外形尺寸相同，MT-2 型缓冲器（见图 3-10）容量 54～65 kJ，用于大秦专用敞车 C_{63A}；MT-3 型缓冲器容量 45 kJ，用于一般通用货车，较低冲击速度时缓冲器刚度较小，较高冲击速度时刚度增加较快，容量大、性能稳定，是目前较为理想的缓冲器。

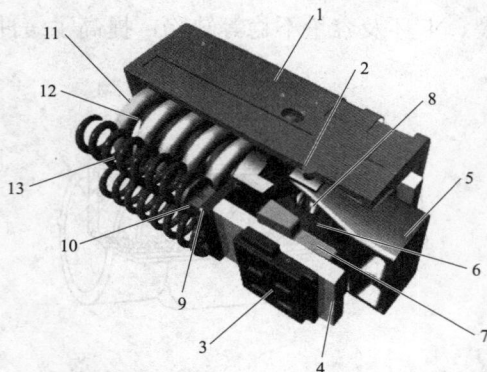

图 3－10　MT－2 型缓冲器

1—箱子；2—销子；3—外固定板；4—动板；5—中心楔块；6—楔块；7—固定斜板；8—复原弹簧；
9—弹簧座；10—角弹簧座；11—外圆弹簧；12—内圆弹簧；13—角弹簧

3.5.3　MX－1 型、MX－2 型橡胶缓冲器

橡胶缓冲器中橡胶分子内摩擦和弹性变形起到缓和冲击和消耗能量的作用，金属摩擦部分增加容量。

MX－1 型橡胶缓冲器（见图 3－11）容量为 40～43 kJ，结构简单，能量吸收率可达 90%，反冲作用的速度较快。

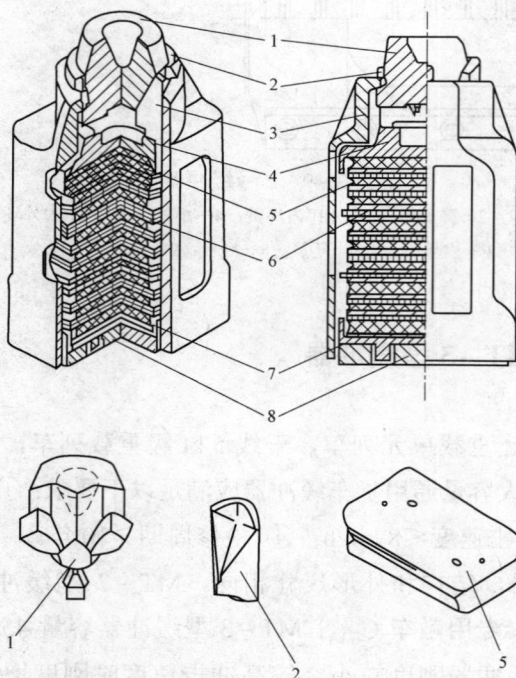

图 3－11　MX－1 型橡胶缓冲器

1—压头；2—楔块；3—箱体；4—顶隔板；5—橡胶片；6—中隔板；7—底隔板；8—底板

MX-2 型橡胶缓冲器箱体改为组合式，橡胶片由 9 片改为 8 片，每片厚度由 35 mm
增大至 40 mm，容量达 45 kJ。

3.5.4　ST 型缓冲器

ST 型缓冲器（见图 3-12）具有结构简单、重量轻、成本低等特点，适用于总重为
84 t 的主型通用货车车辆及货运机车。

初始容量≥20 kJ，年磨耗容量≥30 kJ，最大阻抗力≤2 000 kN，行程 68 mm，吸收
率≥80%，额定冲击速度 7 km/h。

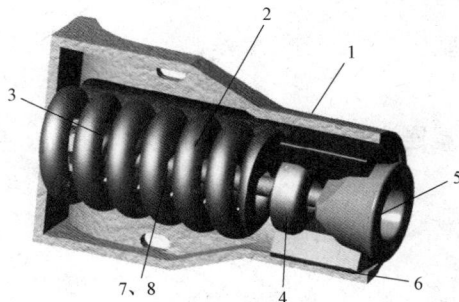

图 3-12　ST 型缓冲器
1—箱体；2—外弹簧；3—内弹簧；4—限位垫圈；5—推力锥；6—摩擦楔块；7、8—螺栓螺母

3.5.5　气-液缓冲器

气-液缓冲器在液压缓冲器的基础上更进一步完善了其性能。与弹簧或橡胶缓冲器
相比，它的阻抗力不与位移成函数关系，而是与冲击速度成函数关系。能量吸收率较上
述两种缓冲器有较大幅度的提高。

3.5.6　液压式缓冲器

采用液体来吸收冲击能量的液压式缓冲器，主要用于客车或装运易碎货物的专用货
车。液压式缓冲器在受冲击时，阻抗力的大小决定于活塞的运动速度、溢流孔的截面尺
寸和所采用的液体的黏度。

3.5.7　弹性胶泥式缓冲器

将弹性胶泥材料装进一个能够承受一定压力的缓冲器活塞缸体内，根据实际应用的
需要增加一定的预压缩力，当弹性胶泥式缓冲器活塞柱受到一定的压力（静压力或冲击
力）时，活塞利用活塞缸内节流孔或节流间隙及弹性胶泥材料本身体积被压缩后的反作

用力产生一定的阻抗力。弹性胶泥材料受到的预压缩力越大、活塞的运动速度越快，则产生的阻抗力也越大，这有利于提高缓冲器在大冲击力作用下的容量。当作用在活塞柱上的外力撤销后，缓冲器体内处于压缩状态的弹性胶泥的体积则会自行产生膨胀，将活塞推回到原始位置，在这个过程中弹性胶泥材料以较慢的速度通过节流孔或节流间隙流回原位，实现缓冲器的回程动作。

3.6　识读钩缓装置其他配件

3.6.1　钩尾框及钩尾销

钩尾框用钩尾销与钩尾连接，钩尾框内装有缓冲器和前、后从板，是传递牵引力的主要配件。

3.6.2　从板及从板座

从板安装在钩尾框内于缓冲器前后各 1 块。前面的为前从板，承受牵引力；后面的为后从板，承受冲击力。借助从板与从板座接触使缓冲器实现缓冲作用，如图 3－13 所示。

图 3－13　从板及从板座

3.6.3　冲击座及钩身托梁

冲击座位于底架端梁的中部，在冲击座下部有钩身托梁，除保证车钩缓冲装置正常使用外，当车钩受到较大的冲击力时，钩肩与冲击座接触，由于有冲击座，可加强端梁强度并将部分冲击力直接传递给底架，避免缓冲器因冲击力过大而破损。

3.6.4　钩尾框托板

钩尾框托板（见图 3－14）由钢板压制而成，由螺栓组装在牵引梁上，用以托住钩尾框。为了减少磨耗，在钩尾框与钩尾框托板之间装有磨耗板。在牵引梁的上方装有钩尾框挡板，以防止钩尾框翘起，钩头下垂。

图 3-14　钩尾框托板

单元综合检测

一、填空题

1. 车钩的开启方式分为（　　　　　）和（　　　　　）两种。

2. 车钩都具有（　　　　）、（　　　　）和（　　　　　），俗称车钩的三态作用。

3. 车钩缓冲装置具有（　　　　）、（　　　　）和（　　　　）三种功能。

二、选择题

1. 两相邻车辆的车钩水平中心线最大高度差不得大于（　　　）mm。

A. 35

B. 55

C. 75

2. 车钩提杆的松余量为（　　　）mm。

A. 30～40

B. 40～55

C. 55～75

三、判断题

1. 车钩缓冲装置只是承受牵引力时，都要经过缓冲器将力传递给牵引梁。（　　　）

2. 车钩解钩提杆的安装位置：客车装在一、四位车端。（　　　）

3. 正常情况下，钩舌销承受小部分牵引力、冲击力的作用。（　　　）

四、简答题

1. 13 号车钩闭锁位置时是如何防脱的？

2. 常用车辆缓冲器有哪几种？

3. 缓冲器的主要性能参数指哪些？

4. 简述 13 号车钩的闭锁作用（位置）。

5. 为什么说 13 号车钩受力较为合理？

6. 简述 2 号缓冲器的组成和作用原理。

错题统计	原因 题号	知识不牢	审题不清	方法不当	综合应用欠缺

总结反思	我的收获和不足:

第4单元

货车车体形式总体认识

1. 掌握货车车体的主要组成
2. 能够识别常见货车车体

4.1 货车车体概述

4.1.1 车体的分类

货车车体是指货车装载货物、材料和其他物品的部分，并安装与连接其他4个组成部分，底架是车体的基础。车体和底架一起承受着作用于车辆上的各种载荷。

1. 按用途分

货车是供运输货物和为此服务的车辆。货车类型很多，根据其用途可分为通用货车和专用货车。

（1）通用货车：敞车 C_{64}、棚车 P_{61}、平车 N_{17}。

（2）专用货车：罐车 G_{70}、矿石车 K_{19}、长大货物车 D_{22}。

2. 按承载形式分

按承载形式可分为底架承载结构（平车）、侧墙与底架共同承载结构（敞车）和整体承载结构（罐车）。

3. 按材质分

按材质不同可分为钢木混合结构（已淘汰）和全钢焊接结构。

4.1.2　车体的组成

车体是先由若干纵向、横向的梁和立柱组成钢骨架，再装上墙板、地板、顶板及需要的隔热材料（如客车、保温车）、门窗等组成。其中，底架是车体的基础，承担着作用于车辆的各种垂向和纵向载荷。车体应具有足够的强度和刚度。

车体（棚车）钢结构骨架如图 4-1 所示。底架中部断面较大并沿其纵向中心线贯通全车的梁称为中梁，它是底架的骨干。

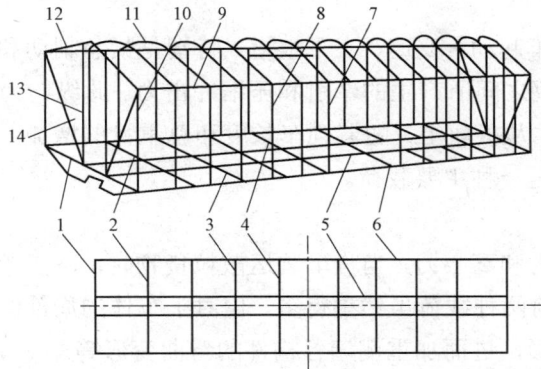

图 4-1　车体（棚车）钢结构骨架

1—缓冲梁；2—枕梁；3—小横梁；4—横梁；5—中梁；6—侧梁；7—门柱；8—侧立柱；
9—上侧梁；10—角柱；11—车顶弯梁；12—车顶端弯梁；13—端立柱；14—端斜撑

侧梁：位于底架两侧，它与端梁、枕梁及各横梁连接，是底架的主要构件之一，用以直接安装侧墙和承受部分垂直载荷。侧梁一般采用槽钢，它的槽口向内，便于和底架上各横梁连接，其外侧又可方便地安装侧柱、门搭扣座、脚蹬和绳栓等附件。

中梁：在底架中部贯通全车，它是底架的基础和其他各梁的支承，因此，它是底架各梁中最主要的受力构件。

枕梁：枕梁承受垂直载荷，同时是侧梁的主要支承，并将侧梁负荷传至心盘。

横梁：横梁的作用基本与枕梁相同，所不同的是它可将侧梁上的负荷传至中梁，再通过中梁传至心盘。横梁有大小之分，大横梁为单根工字形截面等强度结构，小横梁一般为等截面槽形结构。

端梁：位于底架两端，与中、侧梁两端连接。其上安装端墙和增加底架端部的连接刚度，并承受端部冲击力。端梁中部开有钩口，外面装有冲击座，以便装入车钩。在一位端梁上焊有人力制动机轴托。

侧墙由侧立柱、上侧梁及其他杆件、侧墙板和门窗组成。

端墙的结构与侧墙基本相同，除端梁外，还设有角柱、端立柱和端墙板等。

车顶的结构包括车顶弯梁、车顶横梁、车顶端弯梁及车顶板等。车辆大多采用钢墙板与梁、柱结合为一体的全钢焊接结构。

4.1.3 车体的受力分析

车体底架通过心盘或旁承支承在转向架上。车体钢结构承担了作用在车体上的各种载荷。

1. 垂向总载荷

垂向总载荷包括车体自重、载重、整备重量及由于轮轨冲击和簧上振动而产生的垂向动载荷。在大部分情况下，这些载荷比较均匀地铅垂作用在地板面上。

2. 纵向载荷

纵向载荷指当列车起动、变速、上下坡道，特别是紧急制动和调车作业时，在车辆之间，以及机车和车辆之间所产生的牵引和压缩冲击力。此纵向力通过车钩缓冲装置作用于底架的前（或后）从板座上。随着列车长度和总重量的增加，纵向力的数值将会很大，对车体来说，也是一种主要载荷。

3. 侧向载荷

侧向载荷包括风力和离心力，当货车装运散粒货物时，还要考虑散粒货物对侧墙的压力。侧向载荷比起前两种载荷虽然小得多，但对于车体的局部结构有一定影响，例如会使侧柱产生弯曲变形，进而加重侧墙各构件的弯曲变形等。

4. 扭转载荷

当车辆在不平坦线路上运行或车体被不均匀地顶起时（如检修时的顶车作业），车体将受扭转载荷。

此外，车体钢结构上还承受着各种局部载荷，例如底架上悬挂的制动、给水、车电等装置引起的附加载荷；客车侧墙上的行李架承载物品时引起的载荷等。

4.2 常见货车车体形式

4.2.1 平车

平车主要是供装运钢材、木材、石料、民用车辆、机械设备及集装箱等体积或重量较大的货物，也可借助集装箱运送其他货物。平车约占我国铁路货车总数的 5.4%。在铁路货物运输中担负着一定的运输任务。

平车没有固定的侧墙板、端墙板、顶板，故作用在车上的各种力及载荷全由底架的各梁来承担，因此对底架的承载能力要求较高，是典型的底架承载结构。

目前我国生产的平车种类较多，从构造上看，平车主要有平板式、带活动墙板式和双层平车三种。车型主要有 N_{17}（见图 4-2）、N_{17A}、N_{16}、N_{60}、N_{12} 型等，此外还有 X_{6A}、

X_{6B}、X_{1K} 型集装箱专用平车，SQ_1、SQ_2、SQ_3、SQ_4 型运输小汽车专用平车及 XN_{17A} 型运输集装箱和散件货物两用平车等。

随着平车–集装箱两用车不断被开发，单一用途平车逐步被淘汰。通过优化既有平车–集装箱两用车结构，增大车辆地板面积，降低车辆自重系数，使载重量达到 65 t。运行速度提高后，侧向力对集装箱及车辆运行安全的影响问题还需进一步研究。

图 4–2　N_{17} 型平车

4.2.2　敞车

所谓敞车是指具有端壁、侧壁、地板而无车顶，向上敞开的货车，主要供运送煤炭、矿石、矿建物资、木材、钢材等不怕日晒雨淋的大宗货物用，也可用来运送重量不大的机械设备。如果用防水篷布蒙盖，也可运送怕日晒雨淋的货物，所以它具有很大的通用性。敞车约占货车总数的 56.7%。

敞车按卸货方式不同可分为两类：一类是适用于人工或机械装卸作业的通用敞车；另一类是适用于大型工矿企业、站场、码头之间成列固定编组运输，用翻车机卸货的敞车。

目前我国常用的敞车有 C_{62A}（见图 4–3）、C_{62B}、C_{64} 型通用敞车，C_{61}、C_{63}、C_{63A}、C_{76} 型运煤专用敞车及 C_{16}、CF 型全钢无门专用敞车。

在线路上运用的敞车绝大部分为 C_{62B} 型，而现在新造的敞车则以 C_{64} 型为主。

图 4–3　C_{76A} 型浴盆式敞车

4.2.3 棚车

棚车是铁路货车中的通用车辆，用于运送怕日晒、雨淋、雪侵的货物，包括各种粮谷、日用工业品及贵重仪器设备等。一部分棚车还可以运送人员和马匹。

我国先后设计制造了 P_{50}、P_{13}、P_{60}、P_{61}、P_{62}、P_{63}、P_{64}、P_{64A}、P_{65} 型（见图 4-4）。现在运用较多的棚车有 P_{62}、P_{62N}、P_{64}、P_{64A}、P_{65} 型。

图 4-4 P_{65} 型行包快运棚车

单元综合检测

一、填空题

1. 车体的各梁及杆件所用的钢材一般为（　　　　　）和（　　　　　）两种。
2. 一般车体由（　　　　）、（　　　　）、（　　　　）和车顶组成。

二、选择题

1. 底架各梁中受力最大的是（　　　）。
   A. 大、小横梁　　　　B. 侧梁、端梁　　　　C. 中梁、枕梁
2. 敞车通常没有（　　　）。
   A. 端壁　　　　　　　B. 侧壁　　　　　　　C. 车顶

三、判断题

1. 车辆底架的枕梁一般采用型钢结构。　　　　　　　　　　　　　　（　　　）

2. 随着列车长度和总重量的增加，纵向力数值将会很大。　　　　　　（　　）

四、简答题

1. 底架一般由哪些梁构成？

2. 车体结构形式一般有哪几种？

	原因 题号	知识不牢	审题不清	方法不当	综合应用欠缺
错题统计					
总结反思	我的收获和不足：				

第5单元
货车总体认识实训

1. 实训目的

（1）能够识别货车的每个零部件名称。

（2）能够掌握货车每个零部件所属的机构或系统。

（3）能够根据零部件的名称在车辆上快速找到所在位置。

2. 实训要求

（1）安全第一。

（2）按规定穿着实训服。

（3）严格按照操作流程作业。

（4）服从老师安排，未经实训教师允许不得擅自操作其他设备。

（5）保证实训场地、工具、设备整洁。

3. 实训安排

（1）实训场地：铁道车辆检测实训室、铁道车辆检修演练场。

（2）实训资源：教材、C_{62}型敞车3辆（教练车）。

（3）实训活动：班长、学委和实训委员将班级同学分成3大组，每个委员带一组同学，在演练场的3辆敞车（教练车）周围开展实训。

4. 实训内容

与本书前面内容相结合，安排以下4个实训任务。

1）识读车体零部件

在车体组成部分中，同学们需要重点掌握车体底部的各梁名称及连接的部件。

图5-1为货车底架梁架，图5-2为货车侧墙组成。

2）识读制动装置零部件

制动装置分两大部分介绍，首先识读车下的基础制动装置零部件，其次识读手制动装置零部件。

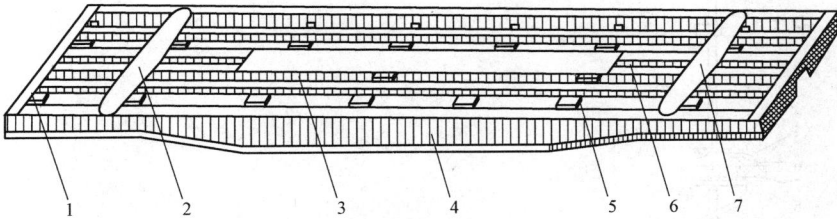

图 5-1　货车底架梁架

1—端梁；2—枕梁；3—纵梁；4—侧梁；5—横梁；6—中梁；7—枕梁

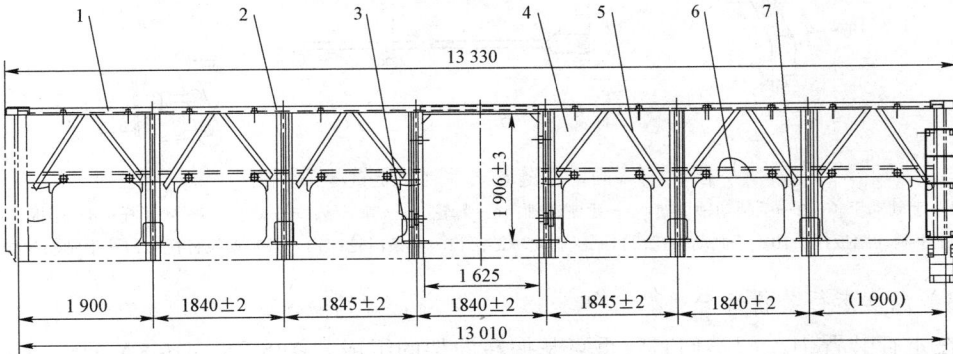

图 5-2　货车侧墙组成

1—上侧梁；2—侧柱；3—侧柱内补强座；4—侧板；5—斜撑；6—连铁；7—侧柱补强板

图 5-3 为四轴货车单侧闸瓦制动方式基础制动装置零部件图，图 5-4 为固定轴链条式手制动装置零部件图。

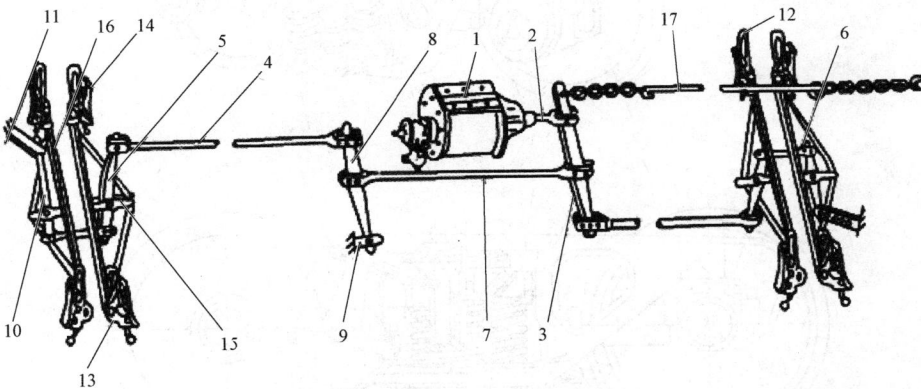

图 5-3　四轴货车单侧闸瓦制动方式基础制动装置零部件图

1—制动缸；2—活塞推杆；3—制动缸前杠杆；4—上拉杆；5—制动杠杆；6—下拉杆；7—连接拉杆；
8—制动缸后杠杆；9—制动缸后杠杆托；10—固定杠杆；11—固定杠杆支点；12—闸瓦托吊；
13—闸瓦托；14—闸瓦；15—制动梁支柱；16—制动梁；17—手制动拉杆

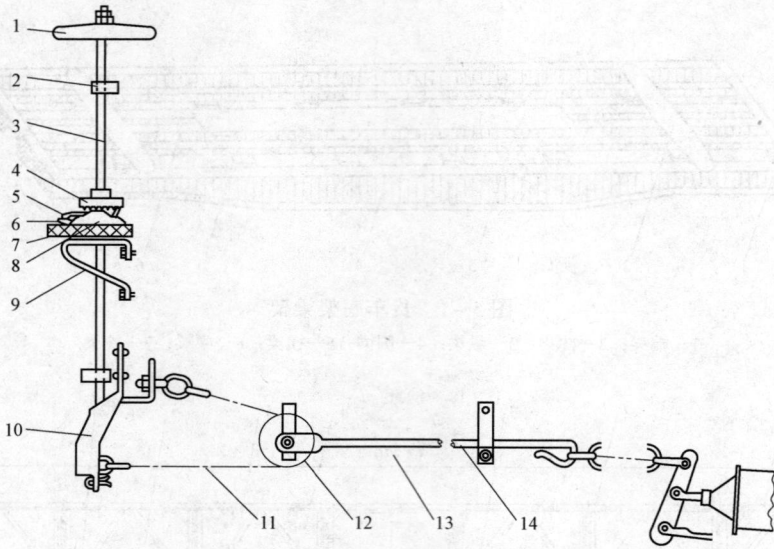

图 5－4　固定轴链条式手制动装置零部件图

1—手制动手轮；2—手制动轴导架；3—手制动轴；4—棘轮；5—棘子锤；6—棘子；7—棘子托；8—踏板；
9—手制动踏板托；10—手制动轴托；11—手制动轴链；12—链条滑轮；13—手制动拉杆托；14—手制动拉杆

3）识读走行装置部分

在走行装置中，同学们需要重点掌握转向架的组成。图 5－5 为转 8A 型转向架。

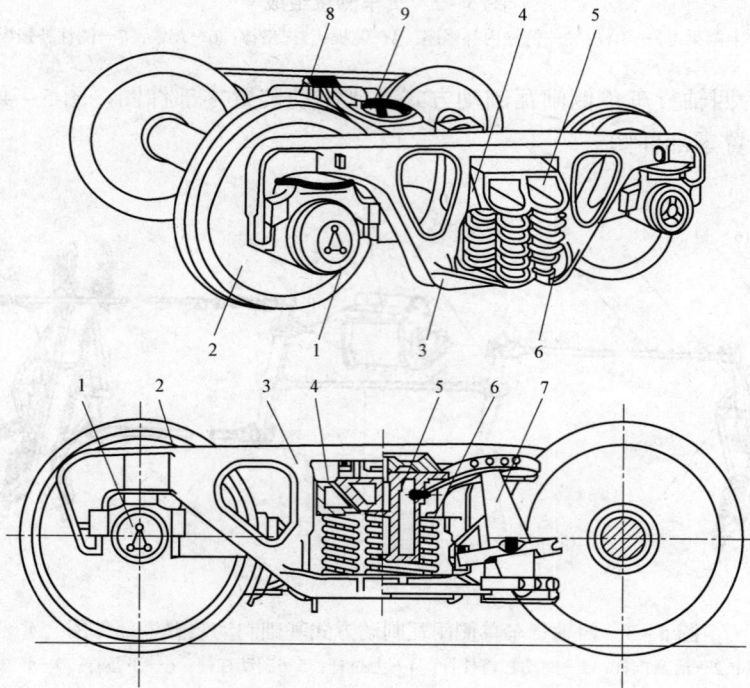

图 5－5　转 8A 型转向架

1—轴承；2—轮对；3—侧架；4—斜楔；5—摇枕；6—弹簧；7—制动装置；8—旁承；9—下心盘

4）识读车钩缓冲装置部分

在车钩缓冲装置中，同学们需要重点掌握车钩和缓冲器的组成。图 5-6 为上作用式车钩零部件图，图 5-7 为 13 号车钩零部件图，图 5-8 为车钩缓冲装置部件图。

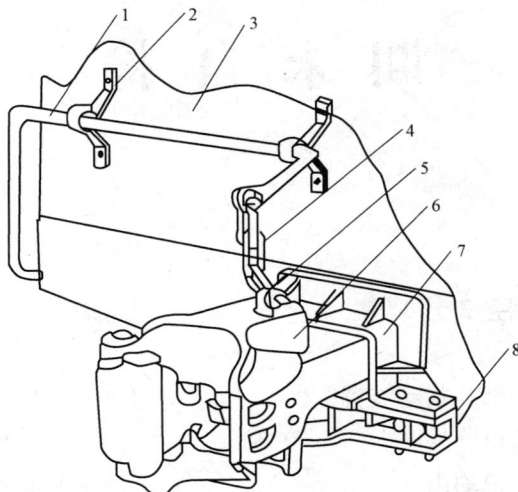

图 5-6　上作用式车钩零部件图

1—车钩提杆；2—车钩提杆座；3—车体端墙；4—车钩提杆链；5—上锁销；6—钩头；7—冲击座；8—钩身托梁

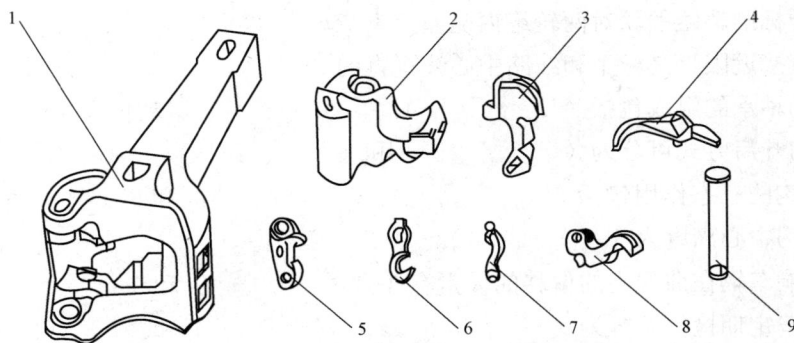

图 5-7　13 号车钩零部件图

1—钩头；2—钩舌；3—钩锁铁；4—钩舌推铁；5—上锁销杆；6—上锁销；7—下锁销；8—下锁销杆；9—钩舌销

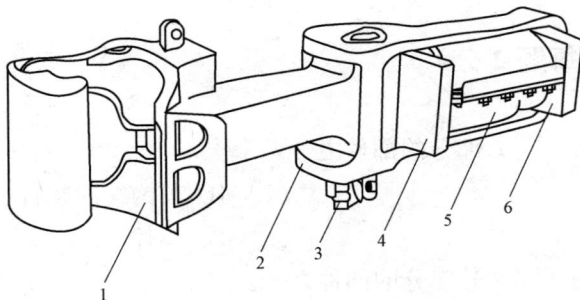

图 5-8　车钩缓冲装置部件图

1—车钩；2—钩尾框；3—钩尾销；4—前从板；5—缓冲器；6—后从板

附录 A

期 末 自 检

一、填空题（每空 2 分）

1. 铁道车辆由走行部、制动装置、（　　　　）、（　　　　）和车内设备组成。
2. 铁路货车按用途可分为（　　　　）和（　　　　）；其中敞车属于（　　　）类。
3. 客、货车车号标记均由（　　　　）、（　　　　）和车辆制造顺序号码组成。
4. 铁路限界由（　　　　）和（　　　　）两者共同构成。
5. 车辆的主要技术参数包括（　　　　）和（　　　　）。
6. 用于标准轨距的轮对两轮缘内侧面距离货车为（　　　　）。
7. 建筑接近限界是一个和线路中心线垂直的（　　　　）。
8. 滚动轴承的组成包括（　　　　）、（　　　　）、滚动体和（　　　　）。
9. 车钩开启方式可分为（　　　　）和（　　　　）。
10. 车钩的三态作用包括（　　　　）、（　　　　）和（　　　　）。
11. 车钩中心高度为（　　　　）。
12. 影响车辆在曲线上的偏移的因素有（　　　　）和（　　　　）。
13. 货车定期检修可分为（　　　　）、（　　　　）和（　　　　）。
14. 弹簧可分为（　　　　）、（　　　　）和空气弹簧。
15. 车辆检修限度可分为（　　　　）限度和（　　　　）限度。

二、选择题（每题 2 分）

1. 从板是车辆（　　）部分的部件之一。
   - A. 转向架
   - B. 车钩缓冲装置
   - C. 制动装置
   - D. 车体
2. 缓冲器是车辆（　　）部分的部件之一。
   - A. 转向架
   - B. 车钩缓冲装置
   - C. 制动装置
   - D. 车体

3. 钩尾框是车辆（　　）部分的部件之一。

　　A. 转向架　　　　　　　　　　　　B. 车钩缓冲装置

　　C. 制动装置　　　　　　　　　　　D. 车体

4. 制动梁是车辆（　　）部分的部件之一。

　　A. 转向架　　　　　　　　　　　　B. 车钩缓冲装置

　　C. 制动装置　　　　　　　　　　　D. 车体

5. 钩尾销是车辆（　　）部分的部件之一。

　　A. 转向架　　　　　　　　　　　　B. 车钩缓冲装置

　　C. 制动装置　　　　　　　　　　　D. 车体

6. 制动缸是车辆（　　）部分的部件之一。

　　A. 转向架　　　　　　　　　　　　B. 车钩缓冲装置

　　C. 制动装置　　　　　　　　　　　D. 车体

7. 副风缸是车辆（　　）部分的部件之一。

　　A. 转向架　　　　　　　　　　　　B. 车钩缓冲装置

　　C. 制动装置　　　　　　　　　　　D. 车体

8. 安全阀是车辆（　　）部分的部件之一。

　　A. 转向架　　　　　　　　　　　　B. 车钩缓冲装置

　　C. 制动装置　　　　　　　　　　　D. 车体

9. 闸瓦是车辆（　　）部分的部件之一。

　　A. 转向架　　　　　　　　　　　　B. 车钩缓冲装置

　　C. 制动装置　　　　　　　　　　　D. 车体

10. 折角塞门是车辆（　　）部分的部件之一。

　　A. 转向架　　　　　　　　　　　　B. 车钩缓冲装置

　　C. 制动装置　　　　　　　　　　　D. 车体

11. 截断塞门是车辆（　　）部分的部件之一。

　　A. 转向架　　　　　　　　　　　　B. 车钩缓冲装置

　　C. 制动装置　　　　　　　　　　　D. 车体

12. 制动软管是车辆（　　）部分的部件之一。

　　A. 转向架　　　　　　　　　　　　B. 车钩缓冲装置

　　C. 制动装置　　　　　　　　　　　D. 车体

13. （　　）是车辆滚动轴承内部配件之一。

　　A. 旁承盒　　　　B. 保持架　　　　C. 轴瓦　　　　D. 门轴销

14. 车轴经过运用以后所产生的裂纹，大约（　　）以上都发生在轮座部分。

　　A. 10%　　　　B. 95%　　　　C. 100%　　　　D. 50%

15. 车辆车型车号标记的简称是（　　）。

　　A. 型号　　　　B. 车号　　　　C. 号码　　　　D. 车种

16. 车辆上的"路徽"标记属车辆（　　）。

    A. 产权标记   B. 共同标记   C. 配属标记   D. 特殊标记

17. 铁道车辆中（　　）须涂打禁止通过驼峰标记。

    A. 敞车   B. 棚车

    C. 守车   D. 底开门式车

18. 铁道车辆中的平车属于（　　）。

    A. 通用货车   B. 专用货车

    C. 客车   D. 特种用途车

19. 我国货车检修周期规定，厂修周期为（　　）。

    A. 1～3 年   B. 4～10 年   C. 6 个月   D. 20 年

20. 我国货车检修周期规定，段修周期为（　　）。

    A. 1～3 年   B. 4～10 年   C. 6 个月   D. 20 年

21. （　　）的作用是牵引和缓和冲击。

    A. 构架部分   B. 摇枕弹簧装置

    C. 轮对轴承装置   D. 车钩缓冲装置

22. 车辆的车钩缓冲装置安装在车辆的（　　）中。

    A. 侧梁   B. 牵引梁   C. 枕梁   D. 横梁

23. 车轮在钢轨上滚动，车轮与钢轨形成的是（　　）。

    A. 转动副   B. 低副   C. 高副   D. 螺旋副

24. 制动力是（　　）作用于车轮的外力。

    A. 闸瓦   B. 钢轨   C. 坡道   D. 弯道

25. 列检作业场发现（　　）可以摘车送站修作业场或车辆段施修。

    A. 闸瓦折断   B. 闸瓦插销丢失

    C. 制动缸后盖堵丢失   D. 工作风缸破损

26. 敞车的车型代码是（　　）。

    A. C   B. P   C. N   D. G

27. 棚车的车型代码是（　　）。

    A. C   B. P   C. N   D. G

28. 钩锁铁下脚弯曲过限会导致车钩（　　）。

    A. 闭锁位置不良   B. 开锁位置不良

    C. 全开位置不良   D. 防跳作用不良

29. 转 8A 型转向架承载鞍顶面接触不良（　　）。

    A. 不影响使用性能   B. 易引起燃轴

    C. 会增大侧架与承载鞍导框面磨耗   D. 会增大垂直振动

30. 轴承内圈与轴颈配合过盈量太大时，主要会使（　　）。

    A. 轴承增大磨损   B. 轴颈压伤

C. 轴承内圈在运用中易发生裂断　　　　D. 轴承组装困难

31. 货车滚动轴承 197726 的滚子是（　　　）。

　　A. 圆柱形　　　　　B. 圆锥形　　　　C. 圆珠形　　　　D. 球形

32. （　　　）的作用是固定车轮，并是车轴上最大受力部分。

　　A. 轴领　　　　　B. 轴颈　　　　C. 轴中央　　　　D. 轮座

33. 货车运用限度规定，货车中侧梁下垂重车不大于（　　　）（在两枕梁之间测量）。

　　A. 40 mm　　　　B. 50 mm　　　　C. 75 mm　　　　D. 80 mm

34. 货车车体倾斜运用限度不大于（　　　）。

　　A. 75 mm　　　　B. 80 mm　　　　C. 135 mm　　　　D. 150 mm

35. 除有特殊规定以外，因装用转向架型式的变化而引起车型变化时，在车型编码尾部加注字母 H 表示该车（　　　）。

A. 新装、换装转 8AG 型或转 8G 型转向架，商业运营速度为 100 km/h

B. 新装、换装转 K2 等型交叉支撑装置转向架，商业运营速度为 120 km/h

C. 装用转 K4 等型摆式转向架，商业运营速度为 120 km/h

D. 装用转 K4 等型摆式转向架，商业运营速度为 100 km/h

36. 货车运用限度规定，转 K4 型转向架闸瓦磨耗剩余厚度不小于（　　　）。

　　A. 10 mm　　　　B. 14 mm　　　　C. 15 mm　　　　D. 20 mm

37. 货车性能标记不包括（　　　）。

　　A. 自重　　　　　B. 载重　　　　C. 容积　　　　D. 路徽

38. 滚动轴承标志板刻打轮对最后一次组装年月日、单位代号，在（　　　）。

　　A. A 栏　　　　B. B 栏左端　　　　C. B 栏右端　　　　D. C 栏

39. 新造轴承或大修轴承首次压装时，（　　　）内刻打轴承本次装用单位代号。

　　A. A 栏　　　　B. B 栏　　　　C. C 栏　　　　D. D 栏

40. 13 号车钩钩体、钩舌、钩尾框上铸有字母"C"标记，表示材质为（　　　）。

　　A. 高碳钢　　　　　　　　B. 碳钢

　　C. 铸钢　　　　　　　　　D. 低合金铸钢

三、简答题（每题 10 分）

1. 什么是弹簧静挠度、刚度？

69

2. 车辆旁承的作用？

3. 车辆方位是如何确定的？

4. 什么是机车车辆限界？

5. 什么是状态修？

6. 我国目前采用的车辆检修制度是什么？

7. 定期检修中"段修"的任务是什么？

8. 定期检修中"辅修"的任务是什么？

9. 写出车钩缓装置中各序号的名称并说明车钩在受力时力是如何传递的。

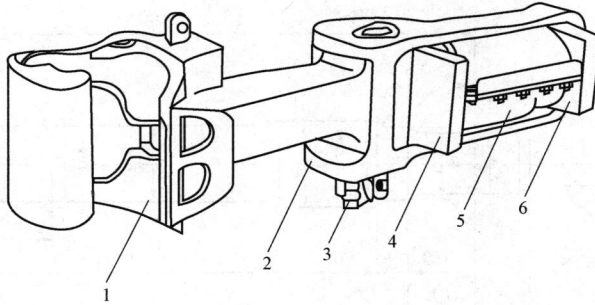

10. 写出车轮各部分名称并说明什么是基点、滚动圆及滚动圆的作用。

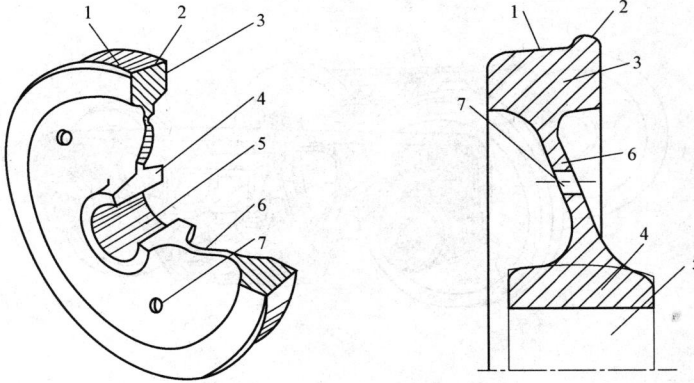

11. 写出车轴各部分名称。

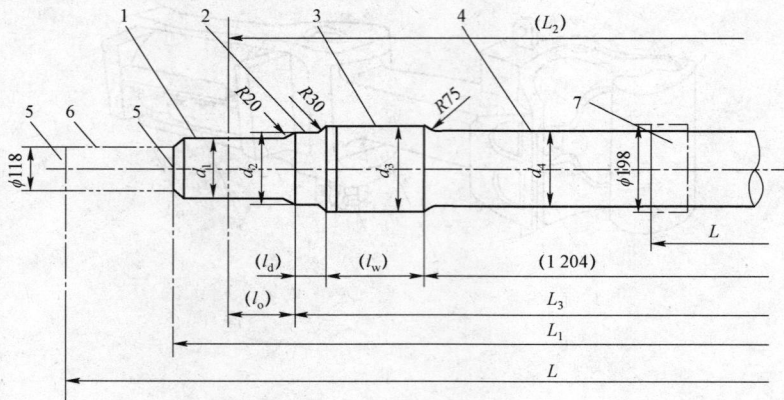

12. 写出转向架各部分名称。

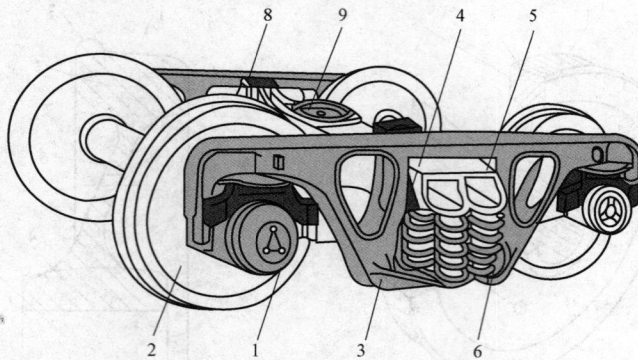

参 考 文 献

［1］严隽耄，傅茂海. 车辆工程. 3 版. 北京：中国铁道出版社，2008.

［2］铁路职工岗位培训教材编审委员会. 车辆钳工. 北京：中国铁道出版社，2011.

［3］铁路职工岗位培训教材编审委员会. 货车检车员. 北京：中国铁道出版社，2011.

［4］袁清武. 货车构造与检修. 北京：中国铁道出版社，2006.